최유정의
생활약선요리

최유정의 생활약선요리

초판 1쇄 발행 2025년 4월 30일

지은이 최유정
펴낸이 장길수
펴낸곳 지식과감성#
출판등록 제2012-000081호

교정 정은솔
디자인 이현, 김희영
편집 오정은
검수 주경민, 이현
마케팅 김윤길

주소 서울시 금천구 벚꽃로298 대륭포스트타워6차 1212호
전화 070-4651-3730~4
팩스 070-4325-7006
이메일 ksbookup@naver.com
홈페이지 www.knsbookup.com

ISBN 979-11-392-2570-9(13590)
값 25,000원

• 이 책의 판권은 지은이에게 있습니다.
• 이 책 내용의 전부 또는 일부를 재사용하려면 반드시 지은이의 서면 동의를 받아야 합니다.
• 잘못된 책은 구입하신 곳에서 바꾸어 드립니다.

지식과감성#
홈페이지 바로가기

최유정의
생활약선요리

천연조미료를 사용하여 식재료의 균형과 조화를 맞춰
음식 고유의 맛과 건강을 살리는 약선요리

최유정 지음

지식과감정#

CONTENTS

기타 레시피 　　　　　　　　　　　　　　　　　161

찜, 탕, 샐러드 189

디저트 209

간장, 된장 221

머리말

우리는 물질의 풍요와 최첨단 과학 시대를 살고 있습니다.
하루하루 빠르게 변화하는 우리의 환경과 의식은 나날이 진화하고 있습니다.
생활의 기본 요소인 의식주가 다양하게 변화하고 있으며, 우리에게 빼놓을 수 없는 먹거리도 예외는 아닙니다.

금번 선보이게 되는 《최유정의 생활약선요리》는 이러한 시대적 흐름에 하나의 작은 몸짓이라고 생각합니다. 이전에 출간되었던 《꽃차 잎차 꽃음식》과 《건강을 마시는 88약차》에 이어 연관된 창작품들이 생활 속에 활용되어 우리의 삶에 풍요를 더 할 수 있게 되어 기쁘게 생각합니다.

생활약선요리는 일상 식재료를 사용하여 한방(韓方)의 원리인 성미, 귀경, 효능에 따른 장부 조화를 꾀하여 건강하면서도 맛있는 생활식이 되고 전통 약선음식의 틀에서 벗어나 갈치 스테이크, 말이 돈까스, 오색 비빔밥 등 현대의 변화 트렌드에 맞춘 동서양 퓨전 약선식을 구현하였습니다.

또한 생활약선요리의 독특한 점은 음식에 맛을 내기 위해 사용하는 조미료를 그동안 우리가 배운 꽃차, 잎차, 뿌리차 등을 분말 내어 30여 종의 차(茶) 분말 천연 조미료를 사용하여 다양한 맛의 변화를 구사하는 것입니다. 분말차는 법제(法製)와 덖음으로 약성이 증대되어 자연의 맛과 품질 좋은 요리를 만들기에 수월해집니다.

그동안 음식 연구를 위해 함께해 주신 여러분들께 감사드리며,
이 책을 접하시는 모든 분들의 건강과 행운을 기원드립니다.

2025년 입춘, 최유정

약식동원의 지혜와 생활약선요리

"음식이 곧 약이고, 약이 곧 음식"이라는 말은 우리 삶에서 음식과 건강이 얼마나 긴밀히 연결되어 있는지를 잘 보여 줍니다. 한국의 전통 약선(藥膳)은 바로 이 "약식동원(藥食同源)"의 개념에서 출발하며, 음식과 약이 같은 근본을 지닌다는 철학을 바탕으로 합니다.

약선음식이란 한의학적 원리를 기반으로 일상에서 약이 되는 음식을 활용해 건강을 증진하고 병을 예방하거나 치유할 수 있는 음식을 말합니다. 이를 보다 친근하게 다가갈 수 있도록 이 책에서는 **생활약선요리**라는 이름을 사용하였습니다.

이 책에 담긴 생활약선요리는 현대인의 바쁜 일상 속에서도 손쉽게 실천할 수 있도록, 간단하면서도 실용적인 레시피를 제공하고자 합니다. 약선요리를 복잡한 한방 요리가 아닌, 누구나 쉽게 접근할 수 있는 형태로 정리했으며, 크게 **내분비계, 순환기계, 소화기계, 호흡기계**의 건강을 돕는 음식으로 나누어 소개하였습니다.

– 김미혜

생활약선요리

1. 조리 원리 : 한방오행이론

    – 성미, 귀경, 효능에 따른 장부 조화

2. 재료 : 일상 사용 식재료(한약재 사용 안함)

3. 특징 : 일상생활 음식 약선요리

    1) 현대트랜드에 맞춘 동서양 퓨전 약선식 구현

       예) 갈치 스테이크, 말이 돈까스

    2) 천연 조미료사용으로 맛과 건강의 약선식

       예) 조미료는 30여 종의 차(茶) 분말 사용 – 법제와 덖음으로 약성증대

– 내분비계 건강을 위한 약선요리

· 호르몬 균형을 조절하며 갑상선, 부신, 췌장 건강에 도움을 주는 요리입니다.

· 스트레스 조절, 혈당 관리, 신진대사 촉진에 유익한 음식을 중심으로 합니다.

– 순환기계 건강을 위한 약선요리

· 심장과 혈관계의 건강을 돕는 요리입니다.

· 혈액순환 촉진과 혈압 조절에 좋은 재료를 활용합니다.

– 소화기계 건강을 위한 약선요리

· 위장, 간, 소장, 대장의 소화력을 강화하고 장 건강을 증진하는 음식들입니다.

· 소화기계 기능을 개선하고 속을 편안하게 만들어 주는 요리에 집중합니다.

– 호흡기계 건강을 위한 약선요리

· 폐와 기관지 건강을 돕는 요리입니다.

· 감기 예방과 기관지 강화를 위한 재료를 사용하여 호흡기 건강에 기여합니다.

이 책은 현대의 바쁜 삶 속에서도 쉽게 따라 할 수 있는 실용적인 약선요리를 통해, 건강을 지키고 일상에서 활력을 되찾을 수 있는 길을 열어 주고자 합니다. 음식이 곧 약이라는 전통의 지혜를 여러분의 삶 속에서 활용해 보세요.

박재국의 청화(靑畵)백자 그릇 이야기

    청화백자에 쓰이는 코발트(Co) 안료는 고온에서 푸른색을 발색하는 광물질로, 주로 백자 위에 그림을 그리는 데 사용됩니다. 코발트는 역사적으로 희소성과 고품질의 발색 효과로 인해 매우 귀한 안료로 여겨졌습니다. 특히 조선 시대에 썼던 코발트는 중동 페르시아에서 생산하여 중국을 거쳐 수입되었는데 당시 이것이 금보다 더 비쌌다고 합니다. 저는 이러한 조선 청화백자의 전통을 현대적으로 재해석하며, 시대를 초월한 도자예술의 가치를 새롭게 풀어 나가고 있습니다. 이 글에서는 제가 작업하는 청화백자 그릇의 의미와 철학, 그리고 전통과 현대가 어우러진 이야기를 정리해 보고자 합니다.

1. 마음의 그림: 내면의 감정과 기억을 담다

    제가 작업하는 청화백자 그림은 특정 대상을 그대로 묘사하는 이성적 그림이 아니라, 내면의 감정과 기억을 담아낸 마음의 그림입니다. 어린 시절 자연 속에서 본 물고기, 새, 꽃의 잔상은 제 작업의 주요 모티프가 됩니다. 물고기는 개울가에서 쉼 없이 움직이며 생명력을 보여 주고, 새와 들꽃은 자연의 고요한 순간과 아름다움을 떠올리게 합니다. 이러한 이미지는 단순히 대상을 재현하는 데 그치지 않고, 제 기억과 감정이 더해져 감상자에게 이야기를 전달합니다. 특히, 눈이 크고 맑은 물고기의 호기심 어린 표정은 투영된 저의 맑은 영혼을 상징하며 늘 자유롭게 작업을 탐구하려는 이상을 대변합니다. 이에 공감하고 감정이 이입된 관람자들은 그림 속 이야기의 주인공이 되어 동심의 세계로 빠져들게 됩니다. 이는 단순한 묘사 이상의 본질적인 감정을 전달하고자 하는 작업입니다.

2. 자연의 시(詩): 심상의 함축적 표현

    문학 장르인 시가 함축적인 시어로 감정과 정서를 표현하듯, 저는 자연의 심상을 그릇 위에 간결한 이미지로 담아냅니다. 예를 들어, 물고기나 꽃을 묘사할 때 특정 물고기나 꽃의 형태로 단정하지 않고 단순화된 이미지로 표현합니다. 이러한 간결하지만, 응축된 표현은 감상자에게 따뜻함과 편안함을 느끼게 하며, 상상력을 자극합니다. 그릇 위의 그림은 자연의 본질과 생명력을 함축적으로 담아내어, 단순히 물리적 형태가 아닌 감동적인 자연의 '시'를 전달하고자 합니다. 이는 우리의 잠재된 정서를 일깨우고, 자연과 교감하는 예술적 경험을 제공합니다.

3. 전통의 재해석: 선조의 미학을 현재에 담다

조선 시대 청화백자에 담긴 그림은 단순한 형태와 절제된 표현 속에서도 생명력과 함축적 의미를 느낄 수 있습니다. 저는 이러한 전통적 표현 방식을 계승하며, 현대적 감각으로 재해석된 자연을 물고기, 꽃, 새 등의 동화적이고 서정적인 이미지로 담아냅니다. 제 작업은 과거를 단순히 모방하는 것이 아니라, 전통을 기반으로 현대적인 감성과 의미를 창출하는 과정입니다. 이는 전통을 존중하면서도 시대에 맞는 정서를 표현하려는 '법고창신(法古創新)'의 정신을 반영한 것입니다. 결과적으로, 저의 청화백자는 조선의 미학적 정수를 현재의 시각으로 해석하며, 전통과 현대를 연결하는 새로운 예술의 가능성을 탐구합니다.

4. 그릇과 음식의 조화: 생활 속 예술을 실현하다

저의 청화백자 그릇은 빈 그릇일 때와 음식을 담았을 때의 조화를 모두 고려하여 디자인됩니다. 빈 그릇은 그림을 배려한 여백과 절제된 표현으로 담백한 미를 강조합니다. 반면, 음식을 담았을 때는 그릇의 그림과 여백이 음식과 자연스럽게 조화를 이루도록 구성됩니다. 이러한 접근은 그릇 본연의 기능을 넘어, 시각적 아름다움과 미각의 즐거움을 동시에 추구하는 생활 속 예술적 시도입니다. 단순히 기능적인 도구로서의 그릇이 아닌, 일상에서 감각적 즐거움을 제공하는 예술적 매개체로 자리합니다.

제가 만드는 청화백자 그릇은 단순한 도구 이상의 의미를 지닙니다. 내면의 기억과 자연의 교감을 통해 빚어진 '자연의 시'로서, 감상자들에게 시각적, 정서적 감동을 선사합니다. 동시에, 전통에 기반한 현대적 재해석은 과거와 현재, 나아가 미래를 연결하며, 예술이 일상에 스며들게 합니다. 이 작업은 저에게는 예술적 표현의 매개체이자, 대중들에게는 일상에서 전통과 현대가 만나는 순간을 경험할 기회를 제공합니다. 결국, 저의 청화백자는 대중과 소통하며 일상이 예술이 되는 삶을 실현하는 특별한 예술적 시도입니다.

5. 음식과 도자의 조화로 완성된 생활 예술

저는 30여 년 넘도록 도자 작업을 이어 오며 수많은 인연을 만나고 스치기를 반복해 왔습니다. 저는 도자기를 만들면서 다양한 음식 전문가들과 교류하며 자신의 분야에 큰 자부심을 느끼고 최고가 되기 위해 노력하는 분들을 여럿 만났습니다. 그중에서도 최유정 선생님은 음식을 연구하는 사람으로 그릇의 미학을 결합해 진정한 생활 예술을 완성하는 특별한 분으로 기억됩니다.

우선 음식을 표현하는 방법에서도 누구도 견줄 수 없는 솜씨를 가지고 계시지만 늘 겸손하십니다. 마음공부로 다져진 내공의 힘이라 생각됩니다. 외적인 유혹에도 흔들림 없이 내면에 깊이 다가가는 선생님의 태도에서 자신만의 길을 꾸준히 걸어가는 진정한 명인, 수행자와 같은 모습을 보게 됩니다. 선생님의 진솔한 모습과 본질에 대한 냉철한 통찰은 가끔 저 자신을 긴장하게 하고 숙연하게 합니다.

음식을 만드는 사람은 음식에 대한 바른 생각, 좋은 재료의 선택, 섬세한 손끝과 정성이 중요하다고 생각합니다. 선생님 요리는 이러한 요소들이 모두 충족되어 있습니다. 특히 그릇의 분위기에 맞게 음식과 그릇의 조화를 극대화하는 능력은 보는 이들의 감탄사를 연발하게 합니다. 도자기 그릇의 여백과 그림에 맞추어 조화롭게 담아낸 음식은 그 자체로 예술이 됩니다. 맛은 혀로 느끼는 기쁨이고, 멋은 시각적 아름다움입니다. 이 두 가지 요소가 조화를 이룸으로 맛에 대한 상상력을 불러일으켜, 식욕의 흥을 돋우고 시각적 아름다움으로 즐거움을 줍니다. 또 하나의 친밀한 생활 예술이 되어 보는 이들을 작은 행복으로 이끕니다.

최유정 선생님은 재료의 약성을 연구하여 체질에 맞게 변형하는 법제(法製)를 합니다. 이를 통해 음식이 단순한 먹거리를 넘어, 건강 유지와 치유까지 도울 수 있는 단계로 확장

됩니다. 이는 자연과 인간의 특성을 존중하는 철학을 반영하며, 이러한 삶의 태도는 도자 작업을 하는 저와 음식을 연구하시는 선생님이 많이 닮아 있습니다.

　최유정 선생님이 사용하는 청화백자 그릇은 넉넉한 여백과 간결한 그림이 특징입니다. 이 여백은 단순히 비어 있는 공간이 아니라, 자연과 인간이 조화롭게 공존하는 미학적 표현입니다. 그릇 위의 음식 사이로 간결하고 한가로이 그려진 꽃 그림은 음식과 하나가 됩니다. 음식 사이로 피어나는 한 줄기 꽃, 잎은 선생님이 추구하는 자연과 인간에 대한 조화의 바람이 깃들어 있습니다.

　이처럼 음식을 대하는 선생님의 태도는 자연을 존중하고 지속적인 탐구를 바탕으로 맛과 멋의 조화를 추구함으로 삶의 본질에 가까이 다가가려 한다는 것입니다. 저는 이따금 전문적인 영역에서 한 단계 더 도약하여 융합을 끌어낸 것이 눈에 띌 때면 가던 길을 멈추고 다시 돌아와 호기심 어린 눈으로 보게 됩니다. 그것은 저 같은 사람에게는 가슴 떨리는 설렘을 주어 오랜 여운을 남깁니다. 이는 지금보다 더 나은 것을 찾고자 하는 갈망으로부터의 시작이고 음식을 통해 나를 완성해 가는 행위라 여겨집니다. 오랜 세월 우리 것에 관한 참다운 멋과 맛을 탐색하고 아름답게 풀어내신 최유정 선생님과의 인연에 감사의 글을 남깁니다.

- 도예가 박재국

식료본초학 정리

의성당(김규열, 박성혜, 양미옥, 최윤희)

대구분	소구분	이름	성미	귀경	효능	주치	비고
양식류	곡물류	멥쌀 (갱미)	감, 평, 무독	비, 위, 폐경	보기건비, 제번갈, 지사	비위기허, 식소납매, 권태핍력, 설사 등	
양식류	곡물류	찹쌀 (나미)	감, 온, 무독	비, 위, 폐경	보중익기, 건비지사, 난위, 지허한	허한설사, 체약, 식소, 기허자한 등	
양식류	곡물류	보리 (대맥)	감, 량, 무독	비, 신경	건비화위소식, 지갈제번, 하기관장, 관중소적, 이수	복창, 식체설사, 소변불리 등	
양식류	곡물류	밀(소맥)	감, 량, 무독	심, 비	양심안신, 제번지갈, 지허한	장조, 번열, 소갈, 실면, 도한 등	
양식류	곡물류	옥수수 (옥촉서)	감, 평, 무독	대장, 위, 신경	조중개위, 이뇨소종, 강지강압, 항암방함암	식욕부진, 소변불리, 수종, 만성신염, 고지혈증, 고혈압, 결장암, 간암, 피부암, 담낭암, 간염 등	
양식류	곡물류	좁쌀 (속미)	감, 함, 량, 무독	비, 위, 신경	건비화위, 자음익신, 제열, 해독	비위허열, 반위구토, 복만식소, 구건, 소갈, 사리, 요슬산연, 소변불리, 산후조리 등	
양식류	곡물류	수수 (고량)	감, 삽, 온, 무독	비, 위, 폐경	익기온중, 건비지사, 소식	허한복통, 비허설사, 곽란, 소화불량 등	
양식류	곡물류	율무쌀 (의이인)	감, 담, 미한, 무독	비, 폐, 신경	건비보폐, 삼습지사, 서근제비, 청열배농, 사마귀제거	비위허약, 수종, 각기, 소변임력, 습온병, 설사, 대하, 풍습비통, 근맥구련, 폐옹, 장옹, 각종 암종, 폐수종, 습석늑막염, 만성위장병, 사마귀, 피부미용 등	
양식류	곡물류	귀리 (연맥)	감, 평, 무독	간, 비경	보비익간, 활장최산, 염한지혈	병후허약, 식욕부진, 변비, 도한, 자한, 난산, 출혈, 노인검버섯 등	
양식류	곡물류	메밀 (교맥)	감, 량, 소독	비, 위, 대장경	건비소적, 하기관장통변, 지대탁, 해독염창, 소나력	장위적체, 변비, 설사, 이질, 백탁, 대하, 지한, 도한, 포진, 단독, 등창, 나력, 탕화상 등	
양식류	서류	고구마 (번서)	감, 평 (익히면 온), 무독	비, 신경	익기생진, 관장위, 통변비	비허수종, 변설, 창양종독, 대변비결 등	
양식류	서류	감자 (마령서)	감, 평, 무독	위, 대장경	익기건비, 화위조중, 해독소종	생식내복-위통, 위십이지장궤양, 유방암, 직장암, 고혈압, 동맥경화, 신염, 습관성변비 등, 외용-이하선염, 창절옹종, 피부습진, 수화탕상, 근골손상 등	
양식류	서류	마 (산약)	감, 평, 무독	폐, 비, 신경	건비보폐익기, 고신익정축뇨	비허설사, 식욕부진, 핍력, 폐허구해, 소갈, 신허유정, 소변빈삭, 대하 등	

대구분	소구분	이름	성미	귀경	효능	주치	비고
양식류	서류	토란 (우두)	감, 신, 평, 소독	비, 위경	건비보호, 산결해독, 화담화위	비위허약, 식욕부진, 소갈, 나력, 종기, 사마귀개선, 우피선, 탕화상, 벌레나 벌에 쏘인 데 등	
양식류	서류	구약 (마우, 곤약)	신, 고, 한, 약간 유독함	폐	화담소적, 해독산결, 행어지통	담수, 적체, 학질, 나력, 징가, 질타손상, 옹종, 정창, 단독, 탕화상, 사교상 등	
양식류	두류	검정콩 (흑대두)	감, 평, 무독	비, 신경	이수해독, 거풍활혈, 건비익신	수종창만, 풍독가기, 황달부종, 신허요통, 유뇨, 풍비근련, 산후풍경, 구금, 옹종창독, 약물 및 식물 중독	
양식류	두류	메주콩 (황대두)	감, 평, 무독	비, 위, 대장경	건비관중, 이수소종, 해독	감적사리, 복창이수, 창옹종독, 비허수종, 습관성변비, 골다공증, 동맥경화, 고혈압, 관상동맥질환, 당뇨병 등	
양식류	두류	팥 (적소두)	감, 산, 미한(평), 무독	심, 소장, 비경	이수제습소동, 퇴황, 청열해독소옹	수조창만, 각기, 습열황달, 임병, 혈변, 창양종독, 단독 등	
양식류	두류	녹두 (녹두)	감, 한(량), 무독	심, 간, 위경	청열해독, 소서지갈, 이수소종	일체의 중독(식물, 약물, 농약, 알코올, 중금속, 매연 등), 서열번갈, 감모발열, 곽란토사, 담열효천, 두통목적, 구설생창, 수종뇨소, 창양옹종, 풍진단독, 수화탕상, 유옹, 볼거리, 고지혈증, 고혈압 등	
양식류	두류	완두콩 (완두)	감, 평, 무독	비, 위경	화중하기, 통유, 이수지설, 해독소옹	소갈, 토역, 설리복창곽란전근, 유소, 각기수종, 창옹 등	
양식류	두류	까치콩 (백편두)	감, 담, 평, 무독	비, 위경	건비화중, 화습, 소서	비허생습, 식소변당, 적백대하, 서습토사, 소아감적 등	
양식류	두류	동부콩 (강두)	감, 함, 평, 무독	비, 신경	건비이습, 보신삽정	비위허약, 설사이질, 토역, 신허요통, 유정, 백대, 백탁, 소변빈삭, 소갈, 당뇨병 등	
양식류	두류	땅콩 (낙화생)	감, 평, 무독	비, 폐경	건비양위, 윤폐화담지해, 하유, 이뇨, 통변	비허불운, 반위불서, 산후유소, 각기, 폐조해수, 대변조결, 해수소담, 빈혈, 혈소판감소성자전 등	
양식류	두류	작두콩 (도두)	감, 온, 무독	비, 위, 신경	온중하기, 익신보원, 지구역, 항암해독	허한액역, 기체액역(딸꾹질)복창, 신허요통, 위한구토, 산기, 노년해천 등	
양식류	두류	누에콩 (잠두)	감, 미신, 평	비, 위경	건비이수, 해독소종	수종, 창독 등	

대구분	소구분	이름	성미	귀경	효능	주치	비고
양식류	두류	콩국 (두부장, 두 두유)	감, 평, 무독	폐, 위경	보허윤조, 화담지해	허로해수, 담화효천, 변, 임탁, 각기종통, 철결핍선빈혈, 간수중독 등	
양식류	두류	두부 (두부)	감, 량, 무독	비, 위, 대장경	생진윤조, 청열해독, 화중익기	목적종통, 폐열해수, 소갈, 휴식리, 비허복창, 인통, 위화구취, 비만증, 유소 등	
채소류	엽경류	녹두 나물 (녹두아)	감, 량, 무독	심, 위경	청렬소서, 해독이뇨	서열번갈, 주독, 소변불리, 목예	
채소류	엽경류	배추 (숭채)	감, 평(량), 무독	폐, 위, 대장경	청열제번, 생진지갈, 청폐소담, 통리이변, 양위화중	폐열해수, 소갈, 변비, 백일해, 소화성궤양출혈, 인염성시 등	
채소류	엽경류	양배추 (감람)	감, 평, 무독	신, 위경	건위통락, 산결지통, 보신장골, 청리습열	구병체허, 식욕부진, 소화관 궤양동통, 관절불리허손 등	
채소류	엽경류	갓 (개체)	신, 온, 무독	폐, 위경	선폐활담, 온중행기, 소중산결	급만성기관지염, 외감풍한, 해수담다, 흉협륵창통, 위한토식, 한음해수, 담체기역, 흉격만민, 사림, 석림, 아은종란, 외부- 질타손상, 관절동통, 동창, 유옹 등	
채소류	엽경류	유채 (유채)	신, 감, 량, 무독	폐, 간, 비경	행어산혈, 소종해독	부녀통경, 산후오로불하, 어혈복통, 혈리, 단독, 창양옹종, 유옹, 풍진, 토혈, 해수	
채소류	엽경류	냉이 (제채)	감, 량, 무독	간, 비, 신, 방광	지혈, 평간명목, 이습통림	토혈, 뉵혈, 각혈, 요혈, 수종, 붕루, 목적동통, 안저출혈, 고혈압, 적백이질, 신염, 유미뇨, 단백뇨 등	
채소류	엽경류	시금치 (파채)	감, 량(평), 무독	간, 위, 대장, 소장경	청열제번, 양혈윤조, 통리장위	괴혈병, 빈혈, 뉵혈, 변혈, 두통, 목현, 목적, 야맹증, 소갈인음, 변폐, 치창, 고혈압, 당뇨병, 야맹증 등	
채소류	엽경류	근대 (군달채)	감, 신, 고, 한	폐, 신, 대장경	청열해독, 행어지혈	유행성열병, 치창, 마진 투발불창, 토혈, 열독하리, 경폐, 임탁, 옹종, 질타손상, 사충상	
채소류	엽경류	미나리 (수근)	감, 신, 량, 무독	폐, 간경	청열해독, 이수, 지혈	감모, 폭열번갈, 토사, 부종, 소변불리, 임통, 요혈, 변혈, 토혈, 뉵혈, 월경과다목적, 인통, 후종, 구창, 유옹, 옹저, 나력, 자시, 대상포진, 치창	
채소류	엽경류	셀러리	감, 신, 고, 량, 무독	간, 위경	청열, 평간, 이수, 해독, 양혈지혈, 혈압강하, 강혈지	간양현훈, 풍열두통, 고혈압, 아통, 목적, 황달, 소변임통, 요혈, 붕루, 적백대하, 창양중독 등	
채소류	엽경류	냉이	감, 신, 고, 량, 무독	간, 위경	청열, 평간, 이수, 해독, 양혈지혈, 혈압강하, 강혈지	간양현훈, 풍열두통, 고혈압, 아통, 목적, 활달, 소변임통, 요혈, 붕루, 적백대하, 창양종독 등	

대구분	소구분	이름	성미	귀경	효능	주치	비고
채소류	엽경류	상추 (와거)	감, 고, 량, 무독	대장, 위경	이수, 통유, 청열해독	소변불리, 수종, 유즈불통, 유선염, 요혈, 충사교상 등	
채소류	엽경류	쑥갓 (동호)	신, 감, 평(량), 무독	간, 폐경	소담음, 화비위, 안심신, 혈압강하	변비, 심번구건, 구취비위불화, 소화불량, 식욕감퇴, 해수담다, 불안, 고혈압 등	
채소류	엽경류	아욱 (동규엽)	감, 평(량), 무독	폐, 대장, 소장경	이습, 활장, 통유	이변불통, 유즙불하, 창절옹종 등	
채소류	엽경류	죽순 (모순)	감, 한, 무독	위, 폐, 심, 대장경	청열, 소담, 상위, 이이변, 소창, 투진	폐열해수, 기관지염, 위열조잡, 염니납매(기름지고 느끼한 음식을 싫어함), 심장병이나 간염, 신염 등으로 인한 부종 복수, 풍진, 당뇨병, 고혈압, 불면증, 소아경풍 등	
채소류	엽경류	아스파 라거스 (노순)	감(고), 한, 무독	간경, 폐경	청열생진, 이수통림, 해독청열이습, 활혈산결, 항피로, 항노채, 항암, 진정	피로회복, 혈압강하, 고지혈증, 고혈압, 동맥경화, 심장병, 요로결석, 만성간병, 은설병(건선), 유방암, 유선암, 임파선암, 방광암, 피부암, 열병구갈, 심번, 폐옹, 폐위, 임병, 소변불리, 어육중독 등	백부과 석조백 화본과 식물인 갈대
채소류	엽경류	비름(현)	감, 량, 무독	대장, 소장경	청열해독, 통리이변, 활태	인후종통, 급만성장염, 적백이질, 이변불통, 소변삽통, 옹절창독, 자궁경부염, 철결핍성빈혈 등	
채소류	엽경류	쇠비름 (마치현)	산, 한, 무독	대장, 간, 비경	청열해독양혈지리, 산혈소종, 이뇨통림	열독사리, 열림, 요폐, 적백대하, 붕루, 치혈, 창양옹절, 단독, 나력, 습선, 백독, 요로감염, 급성방광염, 급만성이질, 황달형간염, 유선염, 대상포진, 치창출혈, 고혈압 등	
채소류	엽경류	구기자잎 (구기엽)	고, 감, 량, 무독	간, 비, 신경	보허익정, 청열명복	허로발열, 목적혼통, 장예야맹 등	
채소류	엽경류	참죽 나무순 (춘엽)	고, 신, 량, 무독	비, 위경	거서화습, 해독, 살충	서습상중, 오심구토, 식욕부진, 설사, 이질, 옹저종독, 개창, 백독창 등	
채소류	엽경류	고사리 (궐)	감, 량, 소독	간, 위, 대장경	청열이습, 강기화담, 지혈	감모발열, 황달, 대하, 폐결핵해혈, 장풍변혈, 풍습비통 등	
채소류	엽경류	쑥(애엽)	신, 고온, 무독	비, 간, 신경	온경지혈, 산한지통, 거습지양	토혈, 뉵혈, 각혈, 빈혈, 붕루, 임신하혈, 월경부조, 통경, 태동불안, 심복냉통, 설사구리, 곽란전근, 대하, 습진, 개선, 치창옹양 등	
채소류	엽경류	원추리 (금침채)	감, 량, 소독	간, 신경	관흉해울, 양혈안신, 청열이습, 해독소옹	흉민심번, 소매불면, 심계, 두훈이명, 스트레스성 질환산후유소, 소변단적, 황달, 치창변혈, 창옹, 유옹, 인통 등,	

대구분	소구분	이름	성미	귀경	효능	주치	비고
채소류	엽경류	부추 (구채)	신, 온, 무독	간, 위, 신경	보신조양, 온중행기, 산어활혈, 해독	양위 유정, 조루, 유뇨, 소변빈삭, 위한복통, 열격반위, 흉비동통, 뉵혈, 토혈, 요혈, 요슬통통, 행경냉통, 습관성변비, 이질, 치창, 옹창종독, 칠창, 질타손상, 벌레나 전갈에 물린 데 등	
채소류	엽경류	파(총)	신, 온, 무독	폐, 위경	해표산한, 통양활혈, 선폐건위, 해독, 살충, 살균	풍한감모, 음한복통, 식욕부진, 소화불량, 관절통이변불통, 이질, 창옹종통, 충적복통 등	
채소류	근경류	마늘 (대산)	신, 온, 무독	비, 위, 폐경	온중행체, 선규통폐, 지해거담, 해독살충, 강혈지, 혈압강하, 항암	완복냉통, 장염이질, 설사, 폐로, 백일해, 감모, 옹절종독, 선창, 사충교상, 구충병, 요충병, 대하음양, 고지혈증, 고혈압, 죽상동맥경화증, 비만, 당뇨병, 납중독, 장폐색 등	
채소류	근경류	양파 (양총)	신, 감, 온, 무독	폐경	건위소식, 이기화담, 발한이뇨, 살균, 해독살충, 강혈지	식소복창, 궤양, 감기예방, 고지혈증, 고혈압, 관상동맥질환, 동맥경화, 트리코모나스 질염 등	
채소류	근경류	백합 (백합)	감, 미고, 미한(량), 무독	심, 폐경	양음윤폐지해, 청심안신	폐열또는 폐조로 인한 해수, 노수각혈, 경계실면, 음허구해, 담동대혈, 열병후기, 여열미청, 혹은 정지불수로 인한 허번경계, 실면다몽, 정신황홀, 옹종, 습창, 폐암, 비인암, 피부암, 암수술 후유증 등	
채소류	근경류	생강 (생강)	신, 온, 무독	비, 위, 폐경	산한해표, 강역지구, 화담지해, 해독	풍한감모구토, 담음천해, 복통설사, 어해중독, 반하중독 등	
채소류	근경류	무 (백라복)	신, 감, 량(익히면 감, 평), 무독	폐, 위경	소식화담, 하기관중, 생진지갈, 성주, 이뇨, 지혈	소화불량, 식적창만, 탄산, 토식, 복사, 주독, 이질, 변비, 담열해수, 인후불리, 급만성 기관지염, 백일해, 고혈압, 동맥경화, 담결석, 요로결석, 암, 지루성피부염, 탈발 등 외치–창양, 어혈부종, 탕상 등	
채소류	근경류	순무 (무청, 만청)	신, 감, 평(량), 무독	폐, 비경	하기, 이습, 해독지갈	식적이 있어서 소화가 안 되거나, 황달이나 갈증, 열독, 뾰루지, 젖몽오리가 생겼을 때 다 활용할 수 있음	
채소류	근경류	당근 (호라복)	감, 평, 무독	폐, 비, 간경	건비화중, 양혈명목, 화담지해, 해독함암	비허식소, 체허핍력, 완복통, 설리시물혼화, 작목, 안구건조증, 빈혈, 영양불량, 해천, 백일해, 인후종통, 마진, 수두, 절종, 탕화상, 치루, 수은중독의 치료 등	
채소류	근경류	연근(우)	감, 한, 무독	심, 간, 비, 위경	1. 생우–청열, 생진, 양혈, 산어, 지혈 2. 숙우–건비개위, 양혈, 지사	번갈, 토뉵, 하혈, 담열해수 등	

대구분	소구분	이름	성미	귀경	효능	주치	비고
채소류	근경류	도라지 (길경)	고, 신, 량, 무독	폐경	개선폐기, 거담지해, 배농, 재약상행	폐기불선으로 인한 해수담다, 흉민불창, 인후종통, 해토농담, 융폐, 변비 등	
채소류	근경류	더덕 (산해라)	감, 신, 평	폐, 간, 신경	익기양음, 해독배농, 통유	건해, 두운두통, 폐옹, 유옹, 장옹, 창양종독, 유즙부족, 독사교상	
채소류	과채류/ 과가류	오이 (황과)	감, 량, 무독	폐, 비, 위경	청열해서, 생진지갈, 이수해독	열병구갈, 소변단적, 수종뇨소, 수화탕상, 한반, 비창(땀띠), 인후종통, 화안 등	
채소류	과채류/ 과가류	호박 (남과)	감, 온, 무독	비, 위경	보중익기, 소염지통, 지해평천, 살충해독, 해독소종	빈혈, 폐옹, 해수, 천식, 부종, 탕상, 벌 쏘인 데 등	
채소류	과채류/ 과가류	호박씨 (남과자)	감, 평, 무독	비, 위경	구충, 살충, 하유, 윤장, 보혈, 이수소종	조충, 회충, 혈흡충, 구충, 요충병, 치옹, 당뇨병, 산후결유, 산후손발이 부은경우, 영양불량, 면색위황, 백일해에 사용	
채소류	과채류/ 과가류	동아 (동과)	감, 당, 량, 무독	폐, 대장 방광경	청열제번, 이수소종, 화담, 해독, 감비	수족창만, 임신부종, 간경화복수, 비만증, 임증, 각기, 담천, 서열번민, 소갈, 옹종, 치루, 남자의 백탁, 여자의 백대하 등의 치료에 사용하며, 단석독(중금속중독), 어독, 주독을 해독	
채소류	과채류/ 과가류	월과 (월과)	감, 한(량)	위, 소장경	제번열, 생진액, 이소변	번열구갈, 소변불리, 구창 등	
채소류	과채류/ 과가류	여주 (고과)	고, 한, 무독	심, 비, 위경	청서해열지갈, 명목, 해독, 혈당강하	서열번갈, 소갈, 중서, 적안동통, 이질, 창옹종통의 치료 등	
채소류	과채류/ 과가류	조롱박 (호로)	감, 담, 평, 무독	비, 폐, 신경	이수, 소종, 동림, 산결	수종, 복수, 황달, 소갈, 임병, 옹종 등	
채소류	과채류/ 과가류	수세미 오이 (사과)	감, 량, 무독	폐, 간, 위, 대장경	청열화담, 지해평천, 통락통유, 양혈해독, 생진지갈, 해서제번, 안태	열병으로 인한 신열번갈, 해수담천, 장풍하혈, 치창출혈, 혈림, 붕루, 옹저창양, 유즙불통, 무명종통, 수종 등	
채소류	과채류/ 과가류	가지 (가자)	감, 량, 무독	비, 위, 대장경	청열해독, 이뇨소종, 건비화위, 활혈지통, 관장이기, 항암	장풍하혈, 열독창옹, 피부궤양 등	
채소류	과채류/ 과가류	토마토 (번가)	감, 산, 량, 무독	간, 비, 위경	생진지갈, 건위소식, 양혈평간, 혈압강하	구갈, 식욕부진, 고혈압, 신장병, 심장병, 간염, 안저출혈의 치료 등	
채소류	과채류/ 과가류	고추 (날초)	신, 열, 무독	심, 비경	온중산한, 개위제습, 하기소식	위한기체, 완복창통, 고토, 사리, 풍습통, 동창, 개선 등	
채소류	과채류/ 과가류	수박 (서과)	감, 량(한), 무독	심, 위, 방광경	청열해서, 제번지갈, 이소변, 혈압강하	서열번갈, 열성상진, 소변불리, 인후종통, 구창, 목적종통 등	
채소류	과채류/ 과가류	참외 (첨과)	감, 량(한), 무독	심, 위경	청서열, 해번갈, 통리이변	서열번갈, 소변불리, 서열하리복통, 대변건결	

대구분	소구분	이름	성미	귀경	효능	주치	비고
채소류	과채류/과가류	딸기 (초매)	감, 미산, 한(량), 무독	비위경	청량지갈, 건위소식	구갈, 인후불리, 건해무담, 소화불량, 식욕부진 등	
과실류	인과류	사과 (평과)	감, 량, 무독	비, 위, 심경	보심익기, 제번성주, 개위, 생진, 윤폐, 소염, 지갈, 해서	비위허약, 식후복창, 소화불량, 반위토사, 변비설사, 진액부족, 구건구갈, 음주과다 등	
과실류	인과류	배(이)	감, 량(한), 무독	폐, 위경	생진, 윤조, 청열, 화담	열병상진이나 온열병 후기, 음허번갈, 소갈, 조해, 담열경광, 열격, 실성, 목적종통, 변비, 폐열, 해수담다	
과실류	인과류	감	감, 삽, 량(한), 무독	심, 폐, 대장경	청열, 생진, 윤폐, 지해, 건비삽장, 소영	폐열해수, 토혈, 객혈, 열병구갈, 구창, 열리, 변혈, 치장 등	
과실류	인과류	중국유자 (유)	감, 산, 량, 무독	폐, 간경	건비소식, 관중하기, 화담지해, 이인소염, 성주	소화불량, 위통, 음식적체, 식욕부진, 임신오조, 뱃멀미, 차멀미, 해수담다, 인후양통, 주취 등	
과실류	인과류	귤(귤)	감, 산, 평(량), 무독	폐, 위경	개위이기, 지갈윤폐, 조습화담	해수담다, 흉민, 소갈, 애역, 오심구토 등	
과실류	인과류	유자 (등자)	산, 량(평), 무독	폐, 위경	강역화위, 이기관중, 소영, 성주, 해어독	오심구토, 흉민, 복창, 영류 주취구갈 등	
과실류	인과류	레몬 (영몽)	감, 산, 량(평), 무독	폐, 위경	생진, 지갈, 거서, 안태, 강지, 소염	서열상진, 증서번갈, 식욕부진, 완복비창, 폐조해수, 임신오조, 고지혈증 등	
과실류	인과류	산사 (산사)	산, 감, 미온, 무독	비, 위, 간경	소식적, 산어혈, 건위, 행기소체, 활혈지통, 지사	육식적체, 위완복만, 사리복통, 어혈경폐, 산후어혈, 심복자통, 산기동통 등	
과실류	인과류	비파 (비파)	감, 산, 량, 무독	비, 폐, 간경	윤폐화담지해, 화위강역, 지갈	폐열해수, 해혈, 뉵혈, 구건번갈, 위열구오 등	
과실류	인과류	모과 (목과)	산, 온	간, 비, 위경	서근활락, 화습화위, 거풍습	풍습비통, 근맥구련, 육식적체, 소화불량 및 한습옹체로 인한 각기종통, 토사곽란, 흉격바만, 복통설사, 전근 등	
과실류	핵과류	복숭아 (도자)	감, 산, 온(평), 소독	폐, 대장경	생진, 윤장, 활혈, 소적, 윤부색, 혈압강하	진상, 장조변비, 어혈종괴, 기혈부족, 음허도한, 폐경, 타박상 등	천도 복숭아는 한량함
과실류	핵과류	자두(이)	감, 산평(량), 무독	산, 신경	청열생진, 양간, 사간	허로골증, 오심번열, 간경음혈 부족, 부종, 소갈증, 구설생창 등	
과실류	핵과류	매실 (청매)	산, 삽, 평, 무독	폐, 위, 대장경	이인, 생진, 삽장지사, 이근맥	구해부지, 식욕부진, 구사하리, 담도회충증, 위장염 등, 외용으로는 악창궤양, 우피선 등	

대구분	소구분	이름	성미	귀경	효능	주치	비고
과실류	핵과류	앵두 (앵도)	감, 산, 온, 무독	비, 신경	보비익신, 자윤피부, 거풍습투진	비허설사, 신허요퇴동통, 풍습요퇴동통, 빈혈, 유정, 탄탄, 사지불인 등	
과실류	핵과류	살구 (행자)	산, 감, 온(평), 무독	폐, 심경	윤폐정천, 생진지갈, 지사	폐조해수, 기천, 급만성해수, 진상구갈 등	
과실류	핵과류	살구씨 (첨행인)	감, 미고, 미온, 소독	폐, 대장경	윤폐지해, 평천, 윤장통변	외감풍한해수, 천식, 조열해수, 장조변비	
과실류	핵과류	은행 (백과)	감, 고, 삽, 평, 소독	폐, 신경	염폐정천, 지대탁, 축소변, 구충	효천담수, 백대, 백탁, 유정, 요빈, 종기, 사비, 선창 등	
과실류	핵과류	대추 (대조)	감, 온, 무독	심, 비, 위경	보비위, 익기혈, 안심신, 조영위, 화약성	비허체약, 기혈부족, 권태핍력, 식욕부진, 심번불매, 신지불안, 히스테리, 과민성자반, 빈혈 등 맹렬한 약성을 완화	
과실류	핵과류	여지 (여지)	감, 산, 온, 무독	간, 비경	양혈건비, 행기소종, 생진지갈, 온중, 강역	병후체약, 비허설사, 진상구갈, 액역, 나력 등	
과실류	핵과류	감람 (감람)	감, 산, 삽, 평(량)	폐, 위경	청폐이인, 생진지갈, 해독, 간위소식, 제번성주	폐열해수, 담혈, 인후종통, 서열번갈, 숙취, 복어중독, 소화불량 등	
과실류	핵과류	용안육 (용안육)	감, 온, 무독	심, 비경	보심비, 익기혈, 안신익지	기혈양허, 면색무화, 두훈안화, 심비양허, 심계정충, 건망, 허번불면, 빈혈, 신경쇠약, 월경불순 등	
과실류	장과류	포도 (포도)	감, 산, 평(량), 무독	폐, 비, 신경	익기보혈, 서근락, 리소변, 안태, 제번지갈	기혈부족, 폐허해수, 심계도한, 번갈, 풍습비통, 소변삽통, 부종 등	
과실류	장과류	무화과 (무화과)	감, 평(량)	폐, 위, 대장경	생진이인, 건비개위	폐조해수, 식욕부진, 소화불량, 설사, 유즙부족 등	
과실류	장과류	오디 (상심자)	감, 산, 한(량), 무독	간, 신경	자음양혈, 보간익신, 생진, 윤장, 오수발	간신부족과 정혈휴손으로 인한 두훈목현, 이명, 수발조백, 탈발, 심계실면, 장조변비, 진상구갈 등	
과실류	장과류	키위 (미후도)	감, 산, 한, 무독	위, 간, 신경	청렬, 지갈, 통림, 개위건비, 항암	번갈, 소갈, 석림, 치창, 식욕부진, 구사구리, 대변출혈, 대하, 폐노해수, 음아, 구설생창, 요로감염, 치창출혈, 습열황달, 각종소화관 암, 고혈압, 심혈관병 등	
과실류	장과류	석류 (석류)	감, 산, 삽, 온, 무독	비, 폐, 대장경	생진지갈, 지해, 살충	인조, 구갈, 구사구리, 폐로해수, 음아성시, 구설생창, 인후염 등	
과실류	견과류	연밥 (연자육)	감, 삽, 평, 무독	심, 비, 신경	보비지사, 익신고정, 양심안신	비허구사, 구리, 식욕부진, 신허유정, 활성, 소변불금, 심신불녕, 경계, 심계정충, 허번불면, 요산이명, 불면증, 습관성유산, 임산부 요통 등	

대구분	소구분	이름	성미	귀경	효능	주치	비고
과실류	견과류	가시연밥 (검실)	감, 삽, 평, 무독	비, 신경	고신삽정, 건비지사, 제습지대	대변설사, 유정활설, 조설, 백대, 백탁, 소변빈삭불금 등	
과실류	견과류	밤(율자)	감, 미함, 평(온), 무독	비, 신경	익기건비, 보신강근, 활혈지혈	비허설사, 반위구토, 요슬무력, 근골의절상종통(골절 등으로 외상을 입어 붓고 아픈 것), 노년각약, 토혈, 뉵혈, 변혈	
과실류	견과류	잣 (해송자)	감, 온, 무독	간, 폐, 대장경	윤폐, 활장윤조, 양혈, 거풍	폐조건해, 대변허비, 제풍두현, 골절풍, 풍비, 건성피부, 탈모 등	
과실류	견과류	호두 (호도인)	감, 삽, 온, 무독	신, 간, 폐경	보신익정, 온폐정천, 윤장통변, 윤기부, 오수발	요통각약, 요빈, 유뇨, 양위, 유정, 구해천촉, 장조변비, 창양나력 등	
과실류	견과류	해바라기씨 (향일규자)	감, 평, 무독	간, 대장경	투진, 지리, 투옹농, 통변	혈리구불유, 옹절농종, 변비, 요충병, 만성골수염 등	
과실류	견과류	비자 (비자)	감, 삽, 평, 무독	대장, 위, 폐경	살충소적, 윤조지해	장도기생충병, 소아감적, 폐조해수, 장조변비, 치창에 사용	
과실류	견과류	상수리 (상실)	고, 삽, 미온, 무독	비,신경, 대장,	수렴고삽, 지혈, 해독	설사, 이질, 변혈, 치혈, 탈항, 소아탈장유선염, 고환염 등	
과실류	열대 과일류	바나나 (향초)	감, 량(한), 무독	폐, 위경	청열, 윤폐활장, 해독	번갈, 폐열조해, 대변비결, 치창출혈 등	
과실류	열대 과일류	파인애플 (파라)	감, 미산, 평	위, 신경	생진지갈해번, 익기, 소육성주	소화불량, 복사, 상서, 구갈 등	
과실류	열대 과일류	망고 (망과)	감, 산, 평(량)	폐, 비, 위경	익위생진, 지구지해	구갈, 구토, 식소, 해수 등	
과실류	열대 과일류	야자 (야자)	미감, 신, 평	심, 비경	보비익신, 최유	비허권태, 수종, 요슬산연, 유즙부족	
		야자액	감, 량		생진, 이뇨, 지혈	구건, 번갈, 수종, 토혈	
		야자속	감, 평		익기건비, 살충, 소감	감적, 기생충(촌충)	
과실류	열대 과일류	파파야 (번목과)	감, 평	위, 대장경	소식하유, 제습통락, 윤장통변, 혈압강하, 구충	소화불량, 위, 십이지장궤양, 풍습비통, 습진, 고혈압, 유즙분비부족, 질타종통, 기생충병, 오공교상, 변비	
버섯류	버섯류	표고버섯 (향고)	감, 평, 무독	간, 위경	부정, 익기개위, 투진, 화담, 강혈지, 함암 비타민D 보충	허약체질, 정기쇠약, 피로, 식욕부진, 소화불량, 복통, 빈혈, 고혈압, 고지혈증, 구루병, 담마진, 수종, 독버섯중독 및 암 등	
버섯류	버섯류	목이버섯 (목이)	감, 평, 무독	폐, 비, 간, 대장경	보기양혈, 윤폐지해, 지혈, 혈압강하, 항암	기허혈휴, 폐허구해, 해혈, 뉵혈, 혈리, 혈림, 치장출혈, 부녀붕루, 고혈압, 안저출혈, 자궁경부암, 질타상통 등	
버섯류	버섯류	흰목이버섯 (은이)	감, 담, 평, 무독	폐, 위, 신경	자음윤폐, 익위생진, 보신건뇌, 연년익수	폐허해수, 담중대혈, 변비, 구갈, 허번불매, 부녀백대, 노인성만성기관지염, 폐결핵 등	
버섯류	버섯류	양송이버섯 (마고)	감, 평	위, 폐, 간경	건비개위, 평간제신	음식불소, 납매, 유즙부족, 고혈압, 신권욕면 등	

대구분	소구분	이름	성미	귀경	효능	주치	비고
버섯류	버섯류	노루궁뎅이버섯 (후두균)	감, 평	비, 위경	건비양위, 안신, 항암	체력피력, 소화불량, 실면, 위십이지장궤양, 만성위염, 소화관 종류 등	
버섯류	버섯류	송이버섯 (송심)	감, 평		이뇨별탁	손변임탁	
버섯류	버섯류	느타리버섯 (측이)	신, 감, 온		추풍산한, 서근활락	풍한습비, 요퇴동통, 수족마목	
버섯류	버섯류	팽이버섯 (동고)	함, 미고, 한		이간, 양장위, 항암		
버섯류	버섯류	석이버섯 (석이)	감, 량		양음, 윤폐, 양혈지혈, 미용연년	폐허로소, 토혈, 뉵혈, 붕루, 탈항	
식육류	수육류	소고 (우육)	감, 온(평), 무독	비, 위경	보위비, 익기혈강근골	비위허약, 기혈부족, 구병체허, 신피핍력, 허로리수, 요슬산연, 소갈토사, 중기하함, 기단면색위황, 대변설사, 수족궐냉, 수술 후 부위가 아물지 않을 때 등	
식육류	수육류	천엽 (우두)	감, 온	비, 위경	보허약, 건비위	병후체허, 기혈부족, 영양불량, 비위허약, 소화불량, 소갈, 수종 등	
식육류	수육류	우편 (우편)	감, 한, 온, 무독	간, 신경	보신장양, 고원익정, 산한지통	신양허쇠, 양위유정, 궁한불잉, 이명요산, 유뇨, 산기 등	
식육류	수육류	돼지고기 (저육)	감, 함, 미한(량), 무독	비, 위신경	보신자음, 윤조, 익기양혈	신허리수, 혈조진고, 조해무담, 소갈변비, 허종, 납중독, 진폐증 예방 등	
식육류	수육류	돼지발 (저제)	감, 함, 평, 무독	위경	보기혈, 윤기부, 통유즙, 탁창독	체허부이수, 기혈부족으로 산후유소, 면추소화, 옹저창독 등	
식육류	수육류	돼지위 (저두)	감, 평, 무독	비, 위경	보허손, 건비위, 지갈	허로이수, 해수, 비허식소, 소갈, 소변빈삭, 설사, 수종, 각기, 유정, 부인의 적백대하, 산후하약, 소아감적, 위하수, 위궤양 등	
식육류	수육류	돼지콩팥 (저신)	함, 평, 무독	신경	보신익음, 이수, 강요슬	신허제증, 신허이농, 요통, 유정조설, 도한, 이명이롱, 신면부종, 소변불리, 산후허약 등	
식육류	수육류	돼지간 (저간)	감, 고, 온, 무독	간, 비경	보간명목, 양혈건비	빈혈, 폐결핵, 간허목혼, 야맹, 안구건조증, 소아감적, 각기부종, 수종, 구리탈항, 대하 등	
식육류	수육류	돼지염통 (저심)	감, 함, 평, 무독	심경	보혈양심, 안신진경	심혈부족, 경계정충, 자한, 실면다몽, 심화항성, 신치황홀, 전, 광, 간, 히스테리에 사용	
식육류	수육류	돼지허파 (저폐)	감, 평(미한), 무독	폐경	보폐지해, 지혈	폐허해수, 각혈, 담천폐결핵, 폐위 등	
식육류	수육류	훈제 돼지다리 (화퇴)	감, 함, 온, 무독	비, 심, 신, 대장경	건비개위, 자신익정, 보기양혈	식욕부진, 허로정충, 비위허약, 식소, 소화불량, 허리구설, 창양구불유합 등	

대구분	소구분	이름	성미	귀경	효능	주치	비고
식육류	수육류	멧돼지고기 (야저육)	감(함), 평, 무독	폐, 비, 위, 대장경	자보오장, 운양기부, 거풍해독, 지변혈	허약리수, 전간, 장풍변혈, 치창출혈, 산후유즙부족 등	
식육류	수육류	개고기 (구육)	함, 산, 온, 무독	비, 위, 신경	온보비위, 난신장양, 전정, 익기보허	신허유뇨, 소변빈삭, 조설, 양위불거, 노년체약, 요산족냉, 비위허약, 복창, 부종, 오래 아물지 않는 종기 등	
식육류	수육류	황구신 (구편)	함, 온	신경	온신장양, 보익정수	신양휴허로 인한 양위, 음랭, 외한지랭, 요산, 요빈	
식육류	수육류	사슴고기 (녹육)	감, 온, 무독	비, 신경	익기조양, 양혈, 거풍, 하유즙	허로리수, 기혈휴허, 효슬산연, 양허지냉, 양위, 산후무유, 중풍 등	
식육류	수육류	녹편 (녹편)	감, 함, 온, 무독	간, 신, 방광경	보신장양, 익정전수	노손이나 요슬산통, 신허양위, 이명이롱, 궁냉불임, 산후의 유즙부족에 사용	
식육류	수육류	양고기 (양육)	감, 열(온), 무독	비, 위, 신경	온중난신, 익기양혈	비위허한, 납소반위, 기혈휴허, 허로이수, 신양휴허, 요슬산연, 양위조설, 한상, 산후 허리소기, 결유 등	
식육류	수육류	양골 (양골)	감, 온, 무독	신경	보신, 강근골, 지혈	허로리요, 이롱치요, 요슬산연, 근골연통, 백탁고림, 월경과다 등	
식육류	수육류	토끼고기 (토육)	감, 한(량), 무독	비, 간, 대장경	건비익기, 양혈해독	병후비허체약, 기혈부족, 영양부족, 식욕부진, 체권핍력과 기음부족으로 인한 허혈, 허화, 음허양항, 위열소갈, 반위토식, 장열변비, 장풍빈혈, 습열비증, 기부건조 등	
식육류	수육류	고양이고기 (묘육)	감, 산, 온, 무독	간, 비경	보허, 거풍통락, 산결, 해독	허로체수, 풍습비통, 나력(결핵성임파선) 등	
식육류	수육류	해구신 (해구신)	함, 열(온), 무독	간, 신경	온신장양, 익정보수	신양쇠비의 양위정냉이나 요슬산연, 정소불육 등에 사용	
식육류	수육류	말고기 (마육)	감, 산, 미한		강근장골	위비, 근골무력, 독창 등	
식육류	금육류	닭고기 (계육)	감, 온, 무독	비, 위경	온중익기, 보정전수, 건비위, 강근골	허로수약, 병후허약, 식소, 납매, 비허설사, 소갈, 수종, 소변빈삭, 산후허리, 유소, 신피핍력 등	
식육류	금육류	닭간 (계간)	감, 온, 무독	간, 신, 비경	보간익신, 양혈명목, 소감살충	간허목암, 목예, 야맹, 소아감적, 임신태루, 소아유뇨 등	
식육류	금육류	오골계고기 (오골계)	감, 평, 무독	간, 신, 폐경	보간익신, 보기양혈, 퇴허열	허로이수, 골증노열, 유정활정, 소갈, 구사, 붕중, 대하 등	
식육류	금육류	오리고기 (백압육)	감, 함, 평, 무독	폐, 비, 신경	자음보허, 이수소종, 해독	노열골증, 폐로각혈, 허약, 식소변건, 수종, 도한, 유정, 월경부조, 인건구갈 등	
식육류	금육류	꿩고기 (치)	감, 산, 온, 무독	비, 위, 간경	보중익기, 생진지갈	비허설리, 흉복창만, 소갈, 소변빈삭, 담천	

대구분	소구분	이름	성미	귀경	효능	주치	비고
식육류	금육류	거위고기 (아육)	감, 평, 무독	비, 간, 폐경	익기보허, 화위지갈	비위허약, 중기부족, 권태핍력, 소식허리, 소갈, 기단 등	
식육류	금육류	비둘기고기 (합)	함, 평, 무독	폐, 간, 신경	자신익기, 거풍해독, 조경지통	허로리수, 소갈, 여성의 혈허경폐, 악창, 개선 등	
식육류	금육류	메추라기 고기(암순)	감, 온(평), 무독	비, 신경	보중익기, 강장근골, 지사리	비위허약, 설사하리, 체허핍력, 소아감적, 풍습비통 등	
식육류	금육류	참새고기 (작육)	감, 온, 무독	신, 폐, 방광경	보신장양, 익정고삽, 난요슬, 축소변	신허, 요슬산연, 양위, 유정, 조루, 빈요, 붕루 등	
유제품과 난류	유제품과 난류	우유 (우유)	감, 미한, 무독	심, 폐, 위경	보허손, 보기양혈, 익폐위, 양혈, 생진윤조, 해독	허약노손, 반위열격, 소갈, 변비, 영양불량 등	
유제품과 난류	유제품과 난류	양유 (양유)	감, 미온, 무독	심, 폐경	보허윤조, 화위, 해독	허로리수, 소갈, 반위구역, 구창, 영양불량, 변비 등	
유제품과 난류	유제품과 난류	달걀 (계자)	감, 평	심, 비, 폐, 신경	자음윤조, 양혈안태, 양심안신	번열, 조해성아, 목적인통, 산후구갈, 태동불안, 소아감리, 탕상, 허리인약, 영양불량 등	
		달걀흰자	감, 량		청폐이인, 청열해독		
		달걀 노른자	감, 량, 무독		자음양혈, 윤조식풍		
유제품과 난류	유제품과 난류	오리알 (압란)	감, 량, 무독	심,폐, 대장경	자음평간, 청폐지해	흉격결열, 간화상항, 두통, 현훈, 인후동통, 치통, 인건, 폐조해수, 구갈 등	
유제품과 난류	유제품과 난류	메추리알 (암순단)	감, 담, 평, 무독	비, 위경	보익기혈, 강신건뇌	비위허약, 영양불량, 발육부진, 기관지천식, 폐로, 실면, 건망 등	
유제품과 난류	유제품과 난류	참새알 (작란)	감, 산(함), 온, 무독	신경	보신양, 익정혈, 조충임	남자양위정소, 여자대하, 붕루, 산기, 여자혈고 등	
유제품과 난류	유제품과 난류	거위알 (아란)	감, 온, 무독	비경	보오장, 보중기	허리, 소갈 등	
유제품과 난류	유제품과 난류	비둘기알 (합란)	감, 함, 평, 무독	신, 폐경	익기보신, 해창두독	신허와 기허로 인한 요슬산영, 피핍무력, 심계, 두혼, 창개두진 등	
수산류	어류	잉어 (이어)	감, 평, 무독	비, 신, 위, 담경	건비화위, 이수소종, 하기통유, 안태, 지해평천	각종수종, 각기, 위통, 설사, 소변불리, 습열황달, 태동불안, 해수기천, 유즙불통 등	
수산류	어류	붕어 (즉어)	감, 온(평), 무독	비, 위, 대장경	건비화위, 이수소종, 통혈맥, 통유	식욕부진, 소화불량, 반위구토, 산후유소, 사지무력, 각종 수종복수, 이질 등	
수산류	어류	장어 (만려어)	감, 평(온), 소독	간, 신, 비경	건비보폐, 익신고충, 거풍제습, 해독살충	오장허손, 빈혈, 허로골증, 소아감적, 대하, 양위, 요슬냉통, 장풍하혈, 풍습비통, 각기, 풍진, 치창, 악창, 백전풍, 야맹증 등	
수산류	어류	미꾸라지 (나추)	감, 평(온), 무독	비, 간, 신경	보익비신, 이수, 해독소염	비허설사, 소갈, 소아도한, 부종, 소변불리, 황달, 양위조설, 체허핍력, 치창, 개선, 만성궤양이 오래도록 유합되지 않을 때 등	

대구분	소구분	이름	성미	귀경	효능	주치	비고
수산류	어류	가물치 (예어)	감, 량(한), 무독	비, 위, 폐, 신경	보비익위, 이수소종, 거풍	수종, 산후 부종 및 빈혈, 습비, 만성신염, 각기, 산후유즙부족, 습관성유산, 위장창만치창, 개선 등	
수산류	어류	쏘가리 (궐어)	감, 평, 무독	비, 위경	보기혈, 건비위	허로리수, 식욕부진, 병후체약, 신피, 장풍하혈	
수산류	어류	드렁허리 (선어)	감, 온, 무독	간, 비, 신경	익기혈, 보간신, 강근골, 거풍습	허로, 감적, 양위, 요통, 요슬산연, 풍한습비, 구리농혈, 치루, 염창 등	
수산류	어류	자라고기 (별육)	감, 평, 무독	간, 신경	자음보신, 청퇴허열, 산결	허로, 골증노열, 징하, 나력, 구리, 자궁하수, 붕루, 대하, 탈항 등	
수산류	어류	거북고기 (귀육)	감, 함, 평	폐, 신경	익음보혈	노열골증, 구수각혈, 구학, 혈리, 장충하혈, 근골동통, 노인의 요빈뇨급 등	
수산류	어류	갈치 (대어)	감, 평(온), 무독	위경	보허, 해독, 지혈	식욕부진, 병후허약, 기단핍력, 신권, 산후유소	
수산류	어류	조기 (석수어)	감, 함, 평(온)	비, 위, 간, 신경	익기양위, 보신, 명목	구병체허, 소기핍력, 명황리수, 납식감소, 복사하리, 신허요통, 유즙부족, 수종 등	
수산류	어류	병어 (창어)	감, 평, 무독	위, 간경	익기양혈, 서근이골, 충정	비위허약, 소화불량, 빈혈, 혈허심계, 두훈안화, 실면건망, 신피핍력, 근골산통, 사지마옥, 족연무력 등	
수산류	어류	상어 (사어육)	감, 함, 평	비, 폐경	보허, 건비, 이수, 거어소종	구병으로 인한 허약, 허로제증, 비허부종, 상처부위 유합지연, 외치, 어혈종통 등	
수산류	어류	고등어 (태어)	감, 함, 온	신, 폐, 비경	보익강장	폐로허손, 만성소화기질환, 신경쇠약 등	
수산류	어류	삼치 (마교어)	감, 온		강장, 제신, 노화방지	피로, 산후허약, 신경쇠약, 개창	
수산류	어류	복어 (하돈)	감, 온, 유독	간, 신경	자보간신, 거습지통	양위, 유뇨, 현운, 요슬산연, 풍습비통, 피부소양	
수산류	어류	연어 (대마합어)	감, 미온		자보, 이수, 건위	소화불량, 흉중창만, 부종	
수산류	어류	민어 (면어)	감, 평		보중익기		
수산류	어류	대구 (설어)	고, 함, 평	심, 신경	활혈, 소종지통	질타골절	
수산류	기타 수산류	해삼 (해삼)	함, 평, 무독	폐, 신경	보신익정, 양혈윤조, 지혈소염, 조경양태리산	정혈휴손, 허약허겁, 양위, 몽유, 소변빈삭, 장조변비, 폐허로 인한 해수각혈, 장풍변혈, 외상출혈, 폐결핵, 재상생불량성 빈혈 등	
수산류	기타 수산류	해파리 (해철)	함, 량	폐, 간, 신경	평간청열, 화담소적, 윤장	폐열해수, 담열효천, 담습해수, 급만성기관지염, 식적비창, 대변조결, 고혈압 등	

대구분	소구분	이름	성미	귀경	효능	주치	비고
수산류	기타 수산류	민물새우 (하)	감, 온, 무독	간, 위, 신경	보신장양, 통유, 탁독, 거풍담	신허양위, 요슬산연, 유즙불하, 단독, 옹저, 염창, 풍담옹색 등	
수산류	기타 수산류	참새우 (대하)	감, 함, 온, 무독	간, 신경	보신장양, 자음식풍, 익기개위	신허양위, 음허동풍, 수족휵익, 중풍반신불수, 근골동통, 유창, 비허식소 등	
수산류	기타 수산류	참게(해)	함, 한(량), 무독	간, 위경	청열, 산어, 소종해독, 보골수, 속근접고	습열황달, 산후어체복통, 근골절상, 칠창암산시의 진축무력	
수산류	기타 수산류	오징어 (오적어육)	함, 평, 무독	간, 신경	양혈자음, 보익간신	혈허경폐, 붕루, 대하, 빈혈, 두훈 등	
수산류	기타 수산류	낙지 (장어)	감, 함, 평	폐, 비, 위경	양혈통유, 해독, 생기	혈허로 인한 경행불창, 경폐, 산후유즙부족, 창양 등의 상처가 잘 아물지 않는 증상 등	
수산류	기타 수산류	홍합 (담채)	감, 함, 온, 무독	간, 신경	보간신, 익정혈, 소영류, 조결혈	허로리수, 정혈휴소, 현훈, 도한, 양위, 요통, 토혈, 붕루, 대하, 영류, 갑상선종	
수산류	기타 수산류	굴 (모려육)	감, 함, 평(량), 무독	심, 간, 신경	양혈안신, 연견소종, 자음장양	번열, 실면, 심신불안, 나력, 자한, 도한, 유정, 대하	
수산류	기타 수산류	전복 (복어)	감, 함, 평, 무독	간경	자음청열, 익정명목, 조경윤장	허로체약, 골증노열, 음허내열, 폐허해수, 월경불순, 혈고경폐, 대변조결, 녹내장 등	
수산류	기타 수산류	맛조개 (정육)	감, 함, 량(한), 무독 혹은 유독	심, 신, 간경	보음, 청열, 제번, 통유	산후허손, 번열, 구갈, 도한, 유소 등	
수산류	기타 수산류	꼬막(감)	감, 온, 무독	비, 위경	보기양혈, 온중건위, 기양	빈혈, 두훈, 핍력, 위통, 소화불량	
수산류	기타 수산류	대합육 (문합육)	함, 평(량), 무독	위경	윤조지갈, 연견소종	소갈, 폐결핵, 음허도한, 영류, 나력, 담핵, 수종, 황달, 해수담다 등	
수산류	기타 수산류	다슬기 (나사)	감, 평(량), 무독	방광경	보간, 이수, 명목, 지림탁	황달, 수종, 임증, 백탁, 소갈, 이질, 목적, 목예, 치창 등	
수산류	기타 수산류	우렁이 (전라)	감, 함, 량, 무독	간, 비, 방광경	청열, 이수, 지갈, 해독, 퇴황	소변적삽, 목적종통, 습열황달, 각기, 부종, 치창, 소갈 등	
수산류	기타 수산류	식용달팽이 (와우)	함, 한, 소독	방광, 위, 대장경	청열해독, 진경, 소종, 이수 등	충열경간, 소갈, 후비, 인후부이종통, 자시, 나력, 옹종, 치창, 치루, 탈항 등	
수산류	기타 수산류	제비집 (연와)	감, 평, 무독	폐, 신, 위경	양음윤폐, 익기보중, 화담지해	구병허손, 폐음허해수, 담천, 해혈과 비위허약, 열격반위, 소변빈삭 등	
수산류	기타 수산류	다시마 (곤포)	함, 량, 무독	간, 비, 신경	연견화담, 이수소종	영류, 나력, 열격, 각기수종, 변비, 각종의 암, 고혈압, 고지혈증 등	
수산류	기타 수산류	김(자채)	감,함, 량(한), 무독 혹은 유독	폐, 비, 방광경	화담연견, 이인, 지해, 청열제번, 이수제습	영류, 만성기관지염, 해수, 번조실면, 습성각기, 수종, 소변임통, 설사 등	

대구분	소구분	이름	성미	귀경	효능	주치	비고
수산류	기타 수산류	모자반 (해천)	함, 한, 무독	간, 위, 신경	연견산결, 청령화담, 이수	나력, 영류(갑상선종대, 임파선결핵), 인후종통, 만성기관지염, 해수담결, 소변불리, 심교통 등	
조미류	조미류	후추 (호초)	신, 열, 무독	위, 대장, 간경	온중산한, 하기지통, 개위소식, 화위자구, 해독	위한복통, 오심구토, 소화불량, 곽란, 심복졸통, 통경, 아통, 식욕부진, 일체의 어·육·별·심 중독	
조미류	조미류	산초 (산초, 화초)	신, 온, 소독	비, 위, 신경	온중산한지통, 제스비사, 살충지양, 해어성독	완복냉통, 구토애역, 풍한습비, 회충복통 등	
조미류	조미류	계피 (계피)	신, 감, 온(열), 무독	비, 위, 간, 신경	온비위, 난간신, 거한지통, 산어성종	완복냉통, 구토설사, 요슬산냉, 한산복통, 한습비통, 어체통경, 혈리, 장풍, 질타종통 등	
조미류	조미류	정향 (정향)	신, 온, 무독	비, 위, 신경	온중강역, 온신조양	위한으로 인한 애여기나 완복냉통, 식소토사와 신허로 인한 양위, 요슬산연, 옹저 등	
조미류	조미류	회향(회향)	신, 감, 온, 무독	간, 신, 방광, 위경	이기개위, 온신난간, 산한지통, 해어육독	복창애기, 심복냉통, 한산복통, 고환편추, 위완한통, 통경, 식소토사 등	
조미류	조미류	팔각회양 (팔각회양)	신, 감, 온, 무독	간, 신, 비, 위경	온양산한, 이기지통	요척냉통, 복창애기, 심복냉통, 환산복통, 위완한통, 각기병 등	
조미류	조미류	겨자 (개자)	신, 열(온), 소독	폐, 위경	온중산한, 할담이규, 통락소종	한담옹체로 인한 해수기천, 흉만협통, 지체 관절동통 등	
조미류	조미류	고수 (호유)	신, 온, 무독	폐, 비, 간경	발표투진, 소식개위, 지통해독	풍한감모, 식욕부진, 소화불량, 어류류 식중독, 식적, 완복창통, 구오, 탈항, 창종초기, 사상, 홍역의 투발불창 등	
조미류	조미류	검은깨 (흑지마)	감, 평, 활, 무독	간, 비, 신, 대장경	양혈익정, 윤장통변	간신부족으로 인한 두훈이명, 요각위연, 수발조백, 기부건조, 탈발목화, 장조변비, 부인유소, 탄탄, 웅창습진, 소아나력, 화상 등	
조미류	조미류	참기름 (마유)	감, 량, 무독	대장경	윤장통변, 해독생기, 보익간신	근골무력, 수발조백, 장조변비, 충적복통, 창종개선, 궤양, 피부군렬 등	
조미류	조미류	유채기름 (운대자유)	신, 감, 평 (온), 무독	폐, 위경	윤장통변, 해독소종	풍창옹종, 탕화작상, 변비	
조미류	조미류	땅콩기름 (화생유)	감, 평, 무독	비, 폐, 대장경	윤조활장, 거적	회충성 장경조, 태의불하, 탕상	
조미류	조미류	소금 (식염)	함, 한, 무독	위, 신, 대장, 소장경	청화, 양혈, 해독, 용토	급성위염, 장염, 구토, 설사, 중서다한, 소화불량, 변비 등	
조미류	조미류	간장 (장유)	함, 한, 무독	위, 비, 신경	청열제번, 해독	서열번만, 임신요혈, 식중독, 약물중독, 탕화상	

대구분	소구분	이름	성미	귀경	효능	주치	비고
조미류	조미류	흰설탕 (백사당)	감, 평, 무독	비, 폐경	윤폐생진, 보익중기, 화중완급	중허복통, 구건조갈, 폐조해수, 기아성훈궐	
조미류	조미류	흑설탕 (적사당)	감, 온, 무독	비, 위, 간경	보중완간, 활혈산어, 건비온위	허리한열, 위한작통, 부녀혈허, 월경부조, 산후복통, 오로불행	
조미류	조미류	빙당 (빙당)	감, 평, 무독	비, 폐경	보중익기, 화위윤폐, 지해화담, 양음지한	폐조해수, 음허해구, 중허복통, 산후오로불행, 허리한열 등	
조미류	조미류	벌꿀 (봉밀)	감, 평, 무독	폐, 비, 대장경	보중익기, 윤폐지해, 해독료창, 완급지통, 활장통변, 조화제약	허리소기, 폐조해수, 장조변비, 완복동통, 구창, 궤양피염, 탕화상, 오두독	
조미류	조미류	엿(이당)	감, 온, 무독	비, 폐, 위경	난중, 보허, 생진완급지통, 윤폐지해	기단핍력, 식소납매, 허한성복통, 폐허해수, 기단작천, 건해무담, 성음저비 등	
조미류	조미류	식초(초)	산, 감, 온, 무독	간, 위경	활혈산어, 소식화적, 해독살충, 차선룡창	산후혈훈, 징가적취, 토혈, 뉵혈, 변혈, 소화불량, 충적복통, 어육채독, 옹종창독	
조미류	조미류	술(주)	감, 고, 신, 온, 유독	심, 간, 폐, 위경	산한활혈, 서근활락, 통맥지통, 선인약세	풍한습비, 완복냉통, 근맥연급, 흉비심통 등	
조미류	조미류	찻잎 (다엽)	고, 감, 량(삽), 무독	심, 폐, 위, 신경	청두목, 제번갈, 소식지사, 화담, 청열해독, 청심제신, 소서, 강심, 감비, 방우치, 거구취, 혈압강하, 강혈지, 항당뇨, 항암 등	두통, 목적, 잠이 자꾸 올 때, 감기, 심번수갈, 식적, 구취, 담천, 소변불리, 설사, 화상, 구창, 치은염, 피로, 니코틴중독, 주독, 중금속 오염 등	
조미류	조미류	해당화꽃 (매괴회)	감, 미고, 온, 무독	간, 비경	이기해울, 화혈조경, 산어	간기울결 또는 단위불화로 인한 흉격만민, 완현창통, 유방창통, 월경불순, 이질, 설사, 대하, 질타손상, 옹종 등	
조미류	조미류	재스민꽃 (말리화)	신, 미감, 온, 무독	비, 위, 간경	이기해울, 화중벽예	아통, 위통, 복통, 정신억울, 심번이노, 애기탄산, 납매, 복창, 오심욕토, 위완은통 등	
조미류	조미류	계화 (계화)	신, 온, 무독	폐, 비, 신경	온폐화음, 산한지통, 온중산한, 산어 등	담음천해소화불량, 위한복통, 경폐, 통경, 한산 등	

35

명인전 레시피

최유정

말이 돈까스

재료   돼지고기 안심 600g   마늘 1통   파프리카(노랑, 빨강) 각 1/2개
토마토 3개   양파 1개   양송이버섯 5개   목이버섯 70g
후추 약간   소금 약간   모차렐라 치즈 150g   배즙 1컵 간장 2Ts

조리 방법   1. 모든 재료는 손질하여 깨끗이 씻어 준비한다.

2. 돼지고기는 얇게 썰어 두드려 주고 배즙과 간장, 후추, 소
금으로 밑간을 해 놓는다.

3. 파프리카, 양파, 목이버섯은 잘게 다져 주고 마늘은 편으로
썰어 각각 기름 없이 살짝만 볶아 준다.

4. 토마토는 살짝 삶아 껍질을 벗겨서 믹서기에 갈아 주고 냄
비에 넣어 소금 간 해 걸쭉하게 끓여 준다.

5. 끓여진 토마토소스에 3을 섞어 살짝 더 끓여 준다.

6. 돼지고기는 물기를 제거 후 펼쳐 놓고, 5와 치즈를 올려서
돌돌 말아 180℃로 예열된 오븐에 앞뒤로 10분간 굽는다.

7. 접시에 담아 구워 준 고기 위에 소스를 조금 뿌려 준다.

※ 새싹 샐러드, 밤 장아찌, 무 피클, 양파 피클을 곁들여 먹으면 좋다.
※ 오븐의 온도와 시간은 차이가 있으므로 참조 바란다.

갈치 스테이크

재료
큰 갈치 2토막　파프리카(노랑, 빨강) 각 1/2개　마늘 3쪽
단호박(소) 1/2개　양파 1/2개　양송이버섯 5개　목이버섯 70g
후춧가루 약간　소금 약간　연겨자 약간　칵테일 새우 7개
백와인 약간　레몬 2조각

조리 방법

1. 모든 재료는 손질하여 깨끗이 씻어 준비한다.

2. 갈치는 13cm로 잘라 주고 길게 포를 떠서 가시를 제거 후 후춧가루, 소금, 백와인으로 밑간을 해 놓는다.

3. 칵테일 새우와 꼬리 쪽 갈치는 가시를 발라 낸 후 곱게 다져 준비한다.

4. 파프리카, 양파, 목이버섯을 적당한 크기로 다져 주고 마늘은 편썰기 해서 기름 없이 팬에 소금 간을 해서 각각 살짝만 볶아 준비한다.

5. 단호박은 껍질을 벗겨 내고 찜솥에 쪄서 으깨 주고, 냄비에 단호박 으깬 것과 물, 소금, 후춧가루 넣고 걸쭉하게 끓여 준 후 4를 넣고 살짝 더 끓인다. 식으면 연겨자를 식성에 맞게 넣어 단호박 소스를 만들어 준비한다.

6. 세장뜨기 한 도톰한 갈치는 프라이팬에 기름을 두르고 구워 준다.

7. 3에 소금 후추를 넣어 13cm 갈치 크기로 만든 패티를 팬에 구워 낸다.

8. 구워진 갈치와 패티를 세팅한 후 소스를 뿌려 준다.

※ 메밀꽃순 피클, 김치, 새싹 샐러드, 무 피클, 레몬즙을 곁들여 먹으면 좋다.

두부밥

재료   호박 1개   가지 1개   당근 1/2개   부추 약간
무짠지 1/4개   표고버섯 5개   새우 5마리   마 가루 약간
장미꽃잎 약간   두부 1/3모   밥 2컵   참기름 약간
소금 약간   깨소금 약간

조리 방법
1. 모든 재료는 손질하여 깨끗이 씻어 준비한다.
2. 호박, 가지는 얇고 길게 슬라이스 해서 팬에 기름 없이 지져 낸다.
3. 두부는 으깨어 수분을 제거한 후 씻어 놓은 쌀에 밥물을 붓고 고슬고슬하게 밥을 한다.
4. 당근, 무짠지, 표고버섯, 부추는 적당한 크기로 잘라 팬에 기름 없이 살짝 볶아 준다.
5. 새우는 손질하여 모양 잡아 찜기에 쪄 준다.
6. 밥이 다 되면 4를 섞어서 준비된 2에 넣고 두부 밥을 올려 돌돌 말아 준다.
7. 말아진 가지, 호박 두부 밥을 접시에 담고 찐 새우로 장식해 담아낸다.

오색 비빔밥

재료   쌀 1컵   도라지 30g   냉이 30g   호박 1/4개   고사리 30g
수박무 1/4쪽 계란 1개 식용장미 꽃잎 약간   연자육 약간
들기름, 참기름 약간   소금 약간   누리 고추장 1Ts
소금 약간 파 약간 마늘 가루 약간 깨소금 약간

조리 방법   1. 모든 재료는 손질하여 깨끗이 씻어 준비한다.

2. 연자육은 따듯한 물에 불려 두었다 밥을 한다.

3. 도라지는 아린 맛을 빼서 준비하고 고사리는 삶아 준비한다.

4. 도라지, 수박무, 호박은 채 썰어 소금 간 하여 양념을 넣고 살짝 볶는다. (파, 마늘, 깨소금, 들기름, 참기름)

5. 냉이는 삶아 물기를 꼭 짠 후 양념하여 무치고, 고사리는 양념하여 살짝 볶아 준다.

6. 계란은 프라이를 해 놓는다.

7. 계란프라이를 올려놓고, 연자육밥과 5가지의 나물을 계란프라이 주변으로 둥글게 돌려 담아 완성한다.

※ 식용 장미꽃과 콩나물 머리로 장식해 주면 우아한 비빔밥으로 변신한다.
※ 양념간장으로 비벼 먹어도 좋다.

내분비계 內分泌系
Endocrine System

신체 항상성 유지와 호르몬을 생산, 분비하는 기관들을 나타 낸다.

(뇌하수체, 갑상선, 이자, 부신 등)

동양의학에서는 신(腎)에 저장되어 있는 정(精)을 가리킨다. 당뇨병과 갑상선, 만성피로 질환에 도움을 주는 약선 재료들로 구성된 상차림이다.

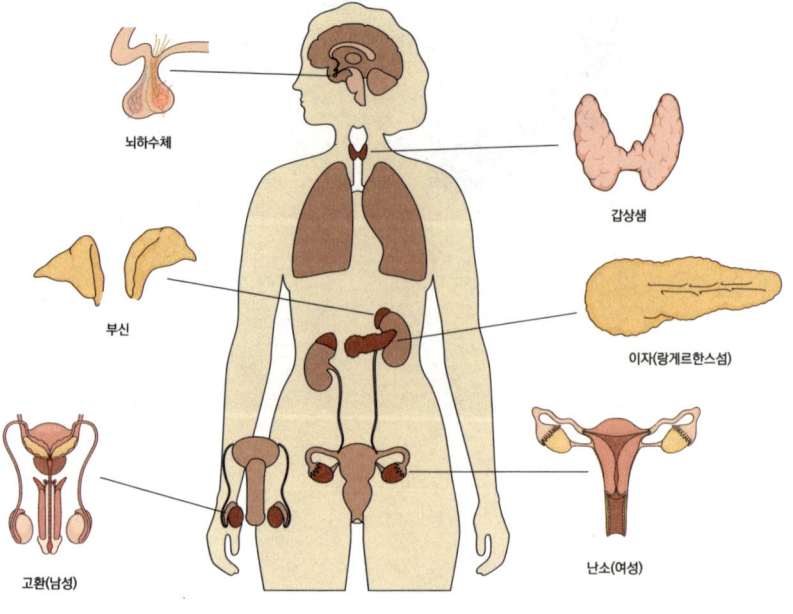

뇌하수체

갑상샘

부신

이자(랑게르한스섬)

고환(남성)

난소(여성)

내분비 밥상

– 내분비계를 위한 건강한 식단 ⑴

구라연

김주영

멥쌀, 현미, 귀리, 강낭콩 잡곡밥

재료

멥쌀 2컵

현미 1컵

귀리 1컵

강낭콩 반 컵

조리 방법

1. 백미, 현미, 귀리, 강낭콩을 흐르는 물에 깨끗이 씻는다.

2. 압력 밥솥에 밥을 짓는다.

김치냉이 된장국

재료

된장 1스푼

묵은 김치 1/4쪽

대파 약간

고춧가루 1스푼

냉이 100g

물 500㎖

조리 방법

1. 냉이를 다듬어 씻어 데쳐 놓는다.

2. 묵은 김치는 양념을 털어 씻어서 물기를 짜 둔다.

3. 대파의 흰 부분을 약간 어슷썰기 해 둔다.

4. 물 500㎖에 된장 1스푼, 고춧가루 1스푼을 넣고 중불에서 끓인다.

5. 끓어오르면 썰어 놓은 김치를 넣고 끓인다.

6. 끓어오르면 대파, 냉이를 넣고 끓으면 마무리한다.

녹두 미나리 화전

재료

녹두 250g

미나리 약간

황기 가루 3ts

마 가루 3ts

식용 꽃 약간

식용유 약간

소금 1/2ts

조리 방법

1. 녹두는 씻어서 불려 놓는다.

2. 불린 녹두를 소쿠리에 건져 놓는다.

3. 믹서기에 녹두 넣고 물 1컵, 소금 1/2ts 넣고 간다.

4. 간 녹두에 황기 가루 3ts, 마 가루 3ts 넣고 잘 섞어 준다.

5. 달군 프라이팬에 반죽 80g을 원형 모양으로 놓고 미나리잎과 식용 꽃을 이용하여 무늬를 넣고 전을 부친다.

오가피잎 장아찌

재료

오가피 100g

청양고추 3개

누리 간장 5컵

통깨 약간

조리 방법

1. 오가피잎을 다듬어서 깨끗이 씻고 물기를 완전 제거한다.

2. 소독된 용기에 청양고추 넣고 오가피잎을 넣어서 누리 간장을 부어 숙성시킨다.

※ 누리 간장과 누리 식초물을 각자 입맛에 맞게 사용한다.

양송이 홍합 구이

재료

양송이 5개

홍합 100g

초고추장 약간

통깨 조금

조리 방법

1. 재료를 손질해서 깨끗이 씻어 준비한다.

2. 양송이는 납작하게 썰어서 기름 없이 구워 준비한다.

3. 홍합을 살짝 삶아서 물기를 제거해 준다.

4. 양송이버섯 위에 홍합 살을 올려놓고 초고추장을 곁들여 놓고 통깨를 뿌려 준다.

※ 초장은 누리 초고추장 만들기를 참조 바란다.

북어채 볶음

재료

북어채 100g

누리 맛간장 약간

청고추 1개

홍고추 1개

대파 1/3개

들기름 약간

미나리 줄기 약간

쪽파 약간

마늘 약간

통깨 약간

조리 방법

1. 재료를 손질해서 씻어 놓는다.

2. 북어채를 잘게 찢어서 흐르는 물에 씻어 물기를 제거한다.

3. 마늘을 채 썰고, 청홍고추의 씨를 빼고 채 쳐서 준비한다.

4. 대파는 다지고, 미나리 줄기와 쪽파는 3cm로 썬다.

5. 프라이팬에 마늘을 넣고 먼저 볶다가 물기를 제거한 북어채을 넣고 들기름을 두른 후, 맛간장을 넣고 중불에서 볶는다.

6. 어느 정도 볶아지면 청홍고추를 채 친 것, 다진 대파, 미나리 줄기와 쪽파를 넣어서 살짝 더 볶아 주고 통깨를 넣어 마무리해 준다.

우엉조림

재료

우엉 1개

누리 맛간장 2Ts

마늘 7개

통깨 약간

황기 가루 1/2ts

파 약간

소금 약간

조리 방법

1. 재료를 씻어 손질하여 준비한다.

2. 우엉은 어슷썰고 황기 가루와 소금을 넣고 반나절 정도 담가 둔 후 살짝 데쳐 물기를 제거한다.

3. 마늘은 편썰어 준비하고 대파는 어슷썰어 준비한다.

4. 물기를 제거한 우엉과 마늘을 팬에 볶다가 누리 맛간장, 황기 가루를 넣고 마지막에 대파를 넣고 살짝 볶는다.

5. 통깨를 넣고 마무리한다.

홍합 버섯 찌개

재료

홍합 200g

양송이버섯 3개

팽이버섯 3개

송화고버섯 3개

노루궁뎅이버섯 1개

미나리, 부추 약간

호박 1/2개

황기 가루 1/2ts

무 1/4개

쑥갓 약간

마늘약간

양파 1/2개

조리 방법

1. 재료를 다듬어 씻어 준비한다.

2. 버섯(양송이, 송화고, 팽이 등)을 물기를 제거하여 준비한다.

3. 야채(미나리, 부추, 대파, 양파, 청고추, 홍고추, 마늘)의 물기를 제거한다.

4. 홍합을 삶아서 육수를 준비하고, 무는 나박썰기를 하여 준비한다.

5. 미나리와 부추는 4cm, 대파, 마늘, 고추는 어슷썰어 준비한다.

6. 용기에 준비한 버섯과 야채를 돌려서 담고 가운데 홍합 살을 둔다.

7. 황기 가루 1/2ts 넣고 육수를 부어 살짝 끓여 준다.

아스파라거스 삼겹살 버터구이

재료

아스파라거스 5개

삼겹살 5장

버터 약간

당근 약간

청양고추 약간

브로콜리 50g

잣 약간

양송이 4개

백와인 1Ts

조리 방법

1. 아스파라거스를 다듬어 흐르는 물에 씻어 물기를 제거한 후 살짝 찐다.

2. 얇게 썬 삼겹살에 백와인, 후추를 살짝 뿌려 재워 준다.

3. 재워 준 삼겹살에 아스파라거스를 넣고 말아 준다.

4. 팬에 버터를 녹여 주고 준비한 3을 굽는다.

5. 통깨를 뿌려 마무리한다.

6. 브로콜리, 양송이는 살짝 찌고, 당근, 청양고추는 소금을 약간 넣어 약불에 볶아 준다.

7. 마지막에 잣을 올려 마무리한다.

병어찜

재료

병어 2마리

무 1/4개

양파 1개

브로콜리 1개

양송이 2개

부추 약간

청고추 1개

홍고추 1개

고구마 약간

마늘 3쪽

물 2컵

통깨 약간

후춧가루 약간

조리 방법

1. 모든 재료를 다듬어 씻어서 준비한다.

2. 준비한 병어를 칼집을 내 준다.

3. 준비한 야채(무, 청고추, 홍고추, 부추, 브로콜리, 양송이)를 잘라 살짝 찐다.

4. 용기에 무를 깔고 병어를 올린 후 물 2컵, 후춧가루, 편썬 마늘, 양파, 청양고추를 넣어 준 후 찐다.

5. 접시에 무와 양파를 깔고 병어를 올린 후 야채와 꽃으로 장식한다.

6. 통깨로 마무리한다.

브로콜리 꽃 샐러드

재료

브로콜리 300g

고구마 200g

오이 1개

청양고추 3개

유자청 3T

깨 2T

오렌지주스 200㎖

식용 꽃 약간

조리 방법

1. 브로콜리, 고구마, 오이, 청양고추 씻어서 물기 제거해 둔다.

2. 브로콜리 살짝 데친 후 작게 썬다.

3. 오이는 길게 슬라이스로 썰어서 준비한다.

4. 고구마, 유자청, 오렌지주스, 고추, 깨를 넣고 믹서기에 갈아서 소스를 준비한다.

5. 오이는 말아서 접시 가장자리로 둘러놓는다

6. 브로콜리를 올리고 위에 소스를 뿌려 준다.

7. 식용 꽃을 올려 마무리한다.

쑥갓무침

재료

쑥갓 500g

대파 1/2대

마늘 2쪽

통깨 약간

들기름 약간

소금 약간

마 가루 약간

조리 방법

1. 모든 재료는 다듬어 씻어 준비한다.

2. 끓는 물에 소금을 약간 넣고 쑥갓을 데치고 찬물에 헹궈 짜 둔다.

3. 대파와 마늘을 다져 놓는다.

4. 데친 쑥갓에 파, 마늘, 소금, 마 가루, 들기름을 넣고 무친 후 통깨로 마무리한다.

돼지감자 깍두기

재료

돼지감자 5개

황기 가루 1ts

부추 약간

마늘 약간

고춧가루 3Ts

양파 1/4개

소금 약간

조리 방법

1. 모든 재료는 다듬고 씻어 준비한다.

2. 돼지감자는 깍둑썰기 하여 소금에 살짝 절여 준비한다.

3. 양파는 갈아서 준비하고, 부추는 3cm로 썰어 마늘가루, 고춧가루, 황기 가루를 넣고 버무려 준다.

4. 통깨를 뿌려 마무리한다.

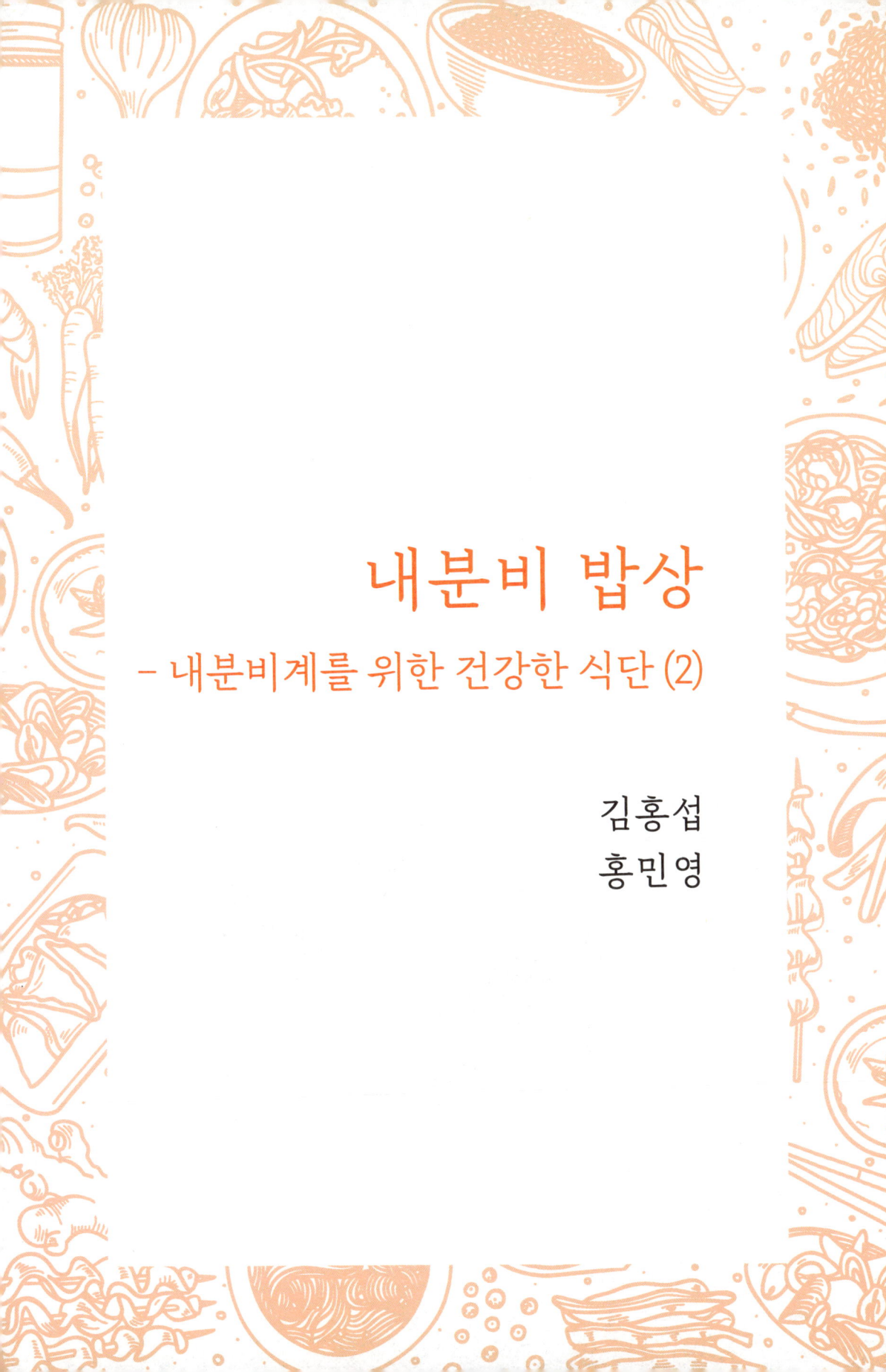

내분비 밥상

– 내분비계를 위한 건강한 식단 (2)

김홍섭
홍민영

뽕잎 밤밥

재료

백미 400g

밤 100g

뽕잎 20g

조리 방법

1. 백미를 씻어 준비한다.

2. 밤은 깎아서 한 입 크기로 손질하고 뽕잎은 살짝 데쳐 준비한다.

3. 백미와 밤을 넣고 밥을 한다.

4. 밥이 되면 뽕잎을 올려 뜸을 들인다.

구기자순 새우국

재료

보리새우 100g

구기자순 500g

마늘 약간

파 약간

누리 간장 약간

청양고추 2개

누리 육수 5컵

조리 방법

1. 모든 재료를 다듬고 씻어 준비한다.

2. 구기자순을 데쳐 놓는다.

3. 누리 육수에 보리새우를 넣고 끓인 후 데쳐 놓은 구기자순을 넣는다.

4. 누리 간장으로 간하고 청양고추와 파, 마늘을 넣고 살짝 끓여 마무리한다.

돼지 감자전

재료

돼지감자 500g

청양고추 5개

쌀 튀김가루 150g

소금 약간

황기 가루 10g

북어채 50g

계란 1개

쑥갓 약간

콩기름 약간

조리 방법

1. 모든 재료는 다듬고 씻어 준비한다.

2. 돼지감자는 갈아 놓고, 청양고추, 북어채는 잘게 다져 준다.

3. 돼지감자와 잘게 다진 북어채, 쌀 튀김가루, 계란, 황기가루를 넣어 소금으로 간하여 반죽한다.

4. 동그랗게 빚어서 팬에 기름을 넣고 지져 낸다.

5. 청양고추, 쑥갓으로 고명을 올려 접시에 담아 준다.

당귀잎 장아찌

재료

당귀 100g

누리 간장 400㎖

누리 피클물 200㎖

조리 방법

1. 당귀는 다듬고 씻어 찜솥에 김 올리기 30초 해서 준비한다.

2. 물기를 제거한 당귀에 누리 간장, 누리 피클물을 넣고 마무리하여 숙성시킨다.

※ 증제를 하면 이틀 후 바로 먹을 수 있다.

다시마, 뽕잎, 단풍잎 튀각

재료

다시마 10g

잣 약간

통깨 약간

뽕잎 100g

단풍잎 100g

찹쌀가루 2컵

황기 가루 2ts

단풍잎 가루 3ts

뽕잎 가루 3ts

쌀가루 1컵

소금 약간

콩기름 약간

조리 방법

1. 모든 재료는 다듬고 씻어 준비한다.

2. 다시마를 한 입 크기로 잘라 둔다.

3. 기름에 튀긴 후 잣과 통깨를 올려 마무리한다.

4. 뽕잎은 쌀가루, 찹쌀가루, 단풍잎 가루, 황기 가루에 버무려서 살짝 찐다.

5. 단풍잎은 쌀가루, 찹쌀가루, 뽕잎 가루, 황기 가루에 버무려서 살짝 찐다.

6. 찐 잎을 말린 후 기름에 살짝 튀겨 준다.

※ 찐 잎은 기름에 살짝 튀겨 줘도 좋으나, 기호에 따라 오븐에 살짝 구워도 좋다.

맑은 국물 새뱅이찌개

재료

새뱅이(새우) 200g

무 20g

미나리 약간

쑥갓 약간

고춧가루 2Ts

두부 150g

청양고추 3개

마늘 약간

파 약간

소금 약간

표고버섯 2개

누리 육수 8컵

조리 방법

1. 모든 재료는 다듬고 씻어 준비한다.

2. 냄비에 무, 새뱅이, 두부를 넣고 살짝 끓여 준다.

3. 2에 미나리, 쑥갓, 청양고추, 표고버섯, 파, 마늘을 넣고 소금 간 하여 마무리한다.

※ 얼큰하게 먹고 싶으면 고춧가루를 사용하면 된다.

두부 & 돼지감자

재료

두부 300g

들깻가루 5Ts

당근 20g

청양고추 3개

감자 1개

미역 10g

소금 약간

표고버섯 1개

달걀 2개

콩기름 약간

조리 방법

1. 모든 재료는 다듬고 씻어 준비한다.

2. 두부는 물기를 제거한 후 프라이팬에 부친다.

3. 돼지감자를 삶아 으깨 준비하고, 미역과 야채는 다져서 볶아 소금으로 간을 해서 준비한다.

4. 돼지감자, 볶은 야채와 미역, 들깻가루를 넣고 반죽하여 두부 크기로 만들어 준비한다.

5. 부친 두부 사이에 만들어진 반죽을 넣고 마무리한다.

가지 야채찜

재료

가지 1개

표고버섯 1개

송이버섯 1개

두부 1/2모

부추 30g

청양고추 2개

계란 1개

돼지고기 100g

새우 살 100g

후춧가루 약간

통새우 4개

당근 약간

조리 방법

1. 모든 재료를 다듬고 씻어 준비한다.

2. 가지는 적당한 크기로 잘라 모양 틀로 속을 파낸다.

3. 버섯, 돼지고기, 새우 살, 청양고추를 다져서 볶아 준다.

4. 3에 두부를 으깨서 계란과 후춧가루를 넣고 반죽해 둔다.

5. 4를 손질한 가지에 넣어 주고 찜솥에 새우와 같이 중온에 쪄 낸다.

6. 찐 가지를 접시에 담아 새우로 장식해 담아낸다.

여주 & 과일 샐러드

재료

여주 100g

모과 소스 1.5Ts

자두 소스 1.5Ts

호두 50g

삼색 토마토 10알

자두 3개

조리 방법

1. 모든 재료는 다듬어 씻어 준비한다.

2. 여주, 삼색 토마토, 자두는 먹기 좋은 크기로 썰어 준비한다.

3. 용기에 여주, 호두, 삼색 토마토, 자두를 모양내서 담아 주고 모과, 자두 소스로 마무리한다.

※ 소스는 자두의 씨를 제거하고 믹서기에 갈아 끓여 준다.

※ 자두 소스에 모과청을 섞어 입맛에 맞게 만들어도 좋다.

구기자잎 무침

재료

구기자잎 300g

마늘 약간

깨소금 약간

소금 약간

들기름 약간

파 약간

구기자 약간

조리 방법

1. 모든 재료는 다듬어 씻어 준비한다.

2. 구기자잎을 데쳐 놓고 물기를 꼭 짜 준다. 마른 구기자잎은 물에 담가 불려 준다.

3. 데친 구기자잎에 마늘, 깨소금, 파, 소금, 불려 준 구기자, 들기름을 넣어 버무려 입맛에 맞게 간을 보고 마무리한다.

꾸지뽕 물김치

재료

미나리 30g

무 30g

당근 20g

청양고추 3개

쪽파 적당히

소금 약간

마늘 약간

꾸지뽕 착즙액 500㎖

조리 방법

1. 모든 재료는 다듬어 씻어 준비한다.

2. 무를 납작썰기로 자르고 소금에 살짝 절인다.

3. 미나리와 쪽파 3cm 크기로 썰어 준비한다.

4. 당근은 모양 틀을 사용해서 모양을 내고. 마늘은 슬라이스 하여 준비한다.

5. 절인 무에 미나리, 당근, 쪽파, 마늘을 넣고 꾸지뽕 열매 착즙액을 넣어 간을 보고 마무리한다.

죽순 피클

재료

죽순 1개

설탕 200g

소금 20g

식초 3컵

물 1L

황기물 50㎖

삭힌 고추 3개

조리 방법

1. 죽순을 손질하여 적당한 크기로 자른다.

2. 물에 소금을 넣어 살짝 삶아 물기를 제거해 준다.

3. 죽순을 용기에 담고 누리 피클물을 부어 준다.

※ 먹을 때 죽순 피클에 삭힌 고추를 다져서 얹어 먹으면 더욱 좋다.

소화기계

消火器系
System Of Digestion

음식물을 섭취, 분해, 흡수하여 영양분을 혈액 속에 보내고 쓸데없는 것은 배설하는 작용을 가진 기관계를 말한다.

식체, 소화장애, 변비, 위하수, 위염, 입 마름 등의 질환과 소화 기능에 도움을 주는 약선 재료들로 구성된 상차림이다.

(소화기 1, 소화기 2)

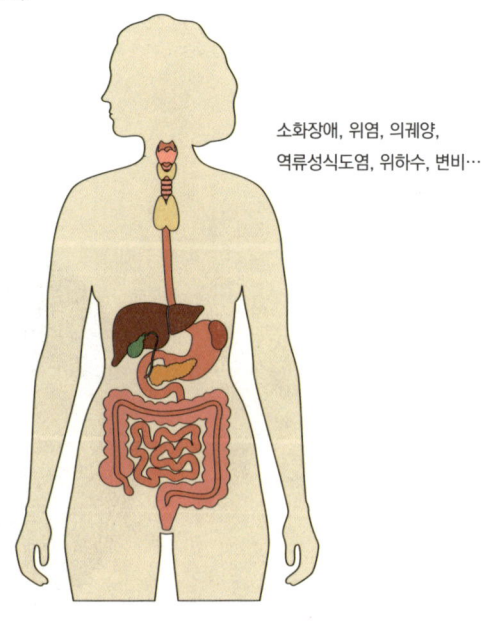

소화장애, 위염, 의궤양,
역류성식도염, 위하수, 변비…

소화기 밥상

– 소화기계를 위한 건강한 식단 ⑴

강용은
신인수

쑥물 더덕밥

재료

백미 2컵

발효 쑥물 4컵

더덕 2뿌리

조리 방법

1. 더덕을 깨끗이 씻어 껍질을 벗긴 후 한 입 크기로 잘라 약간 시들려 사용한다.

2. 백미를 깨끗이 씻어 준비하고 발효 쑥물을 우려 밥물을 준비한다.

3. 2에 손질된 더덕과 함께 밥을 짓는다.

들깨 미역국

재료

미역 150g

들깻가루 2Ts

마늘 가루 1/2Ts

누리 간장 1Ts

조리 방법

1. 미역은 한 입 크기로 손질하여 물에 깨끗이 씻어 불려 놓는다.

2. 미역에 마늘 가루을 넣고 볶다가 물을 부어 누리 간장으로 간을 보고 끓인다.

3. 끓이고 난 후 들깻가루를 넣어서 마무리한다.

※ 마늘 가루가 없으면 마늘을 사용한다.

토마토 숙채

재료

방울토마토 10개

파프리카 1/2개

목이버섯 약간

마늘 5쪽

누리 진간장 1Ts

마 가루 1ts

조리 방법

1. 모든 재료는 손질하여 씻어 준비한다.

2. 방울토마토는 살짝 데쳐 껍질을 벗긴다.

3. 파프리카는 채를 쳐서 준비해 둔다.

4. 목이버섯을 불려 데쳐서 준비해 둔다.

5. 마늘은 슬라이스 쳐서 볶아 놓는다.

6. 위 재료에 누리 진간장, 마 가루를 넣어 버무린다.

고구마 줄기 & 마른새우볶음

재료

고구마 줄기 200g

건홍새우 20g

미니파프리카 약간

들깻가루 1Ts

쪽파 약간

마늘 3쪽

식용유 약간

누리 간장 30㎖

청양고추 2개

들기름 1Ts

조리 방법

1. 모든 재료는 손질하여 씻어 준비한다.

2. 고구마 줄기는 삶아 껍질을 까서 한 입 크기로 썰어 준비한다.

3. 건홍새우는 물기 없이 준비한다.

4. 고구마 줄기와 건홍새우, 마늘, 누리 간장을 넣고 볶다가 파프리카, 쪽파, 청양고추 넣고 볶은 후 들기름과 들깻가루를 넣어 마무리한다.

양파 장아찌

재료

양파 5개

마늘 15쪽

누리 간장 3컵

누리 피클물 2컵

조리 방법

1. 양파와 마늘을 깨끗이 손질 후 물기를 제거한다.

2. 용기를 소독하고 양파를 넣고 누리 장아찌 소스와 누리 피클물을 담아서 숙성시킨다.

연근, 메추리알조림

재료

연근 1개

메추리알 15개

누리 맛간장 30㎖

소금 약간

통깨소금 약간

조리 방법

1. 연근은 껍질을 까서 깨끗이 씻어 소금물에 살짝 데친다.

2. 메추리알은 삶아서 껍질을 깐다.

3. 연근과 메추리알에 누리 맛간장을 넣어서 조려 통깨 소금 넣어 마무리한다.

깻잎 부각

재료

들깨 순 30장

쌀 튀김가루 반 컵

찹쌀가루 반 컵

소금 약간

콩기름 약간

조리 방법

1. 들깨 순은 깨끗이 씻어 물기를 빼 준다.

2. 찹쌀가루, 쌀 튀김가루에 소금 간을 한 후 들깨 순에 쌀가루를 입혀 살짝 쪄서 건조시킨다.

3. 건조시킨 들깨 순을 기름에 튀겨 마무리한다.

냉이 초무침

재료

냉이 100g

누리 초고추장 적당량

통깨 약간

마늘 약간

파 약간

조리 방법

1. 모든 재료는 손질하여 씻어 준비한다.

2. 물에 소금을 조금 넣고 끓여 손질한 냉이를 삶아 낸다.

3. 2를 물기를 꼭 짜서 누리 초고추장, 파, 마늘을 넣어 버무린 후 통깨를 올려 마무리한다.

배추김치

재료

배춧잎 10장

무 350g

쪽파 15뿌리

마늘 10쪽

고춧가루 1컵

미나리 5줄기

양파 1개

누리 육수 5컵

갓 50g

소금 약간

조리 방법

1. 모든 재료는 손질하여 씻어 준비한다.

2. 배추는 절여 주고, 무도 채 쳐서 절여 놓는다.

3. 무가 절여지면 쪽파, 마늘, 고춧가루, 미나리, 양파, 갓, 누리 육수를 넣고 버무려 준다.

4. 배춧잎이 절여지면 씻어서 물기를 꼭 짜 주고 배춧잎을 펴서 3의 양념을 넣고 말아 준다.

문어 숙채

재료

문어 반 마리

누리 초고추장 1/2컵

피클 무 약간

파프리카 약간

새싹 채소 약간

소금 약간

백와인 약간

조리 방법

1. 모든 재료는 손질하여 씻어 준비한다.

2. 손질한 문어를 와인에 재웠다가 물에 소금을 약간 넣어 데친다.

3. 피클 무에 채 친 파프리카와 새싹 채소를 넣고 무쌈을 만든다.

4. 누리 초고추장을 곁들여 낸다.

해물 야채전

재료

굴 100g

대하 5마리

새송이버섯 2개

당근 약간

청홍고추 2개

쌀 튀김가루 150g

계란 1개

소금 약간

콩기름 약간

조리 방법

1. 모든 재료는 손질하여 씻어 준비한다.

2. 대하, 버섯, 당근, 청양고추를 다진 후 쌀가루와 계란을 넣고 반죽을 해서 지져 낸다.

3. 굴은 쌀 튀김가루에 묻혀 계란물을 입힌 후 지져 낸다.

조기찜 & 오징어순대

재료

오징어 1마리

새우 100g

돼지고기 100g

두부 1/2모

마 가루 5g

황기 가루 5g

청홍고추 각2개

양파(중) 1개

숙주 100g

깨소금 약간

소금 약간

후추 약간

마늘 4쪽

조기 1마리

양배추 약간

실고추 약간

잣가루 약간

후추 약간

와인 약간

조리 방법

1. 모든 재료는 손질하여 씻어 준비한다.

2. 조기와 오징어는 후추와 백와인을 넣어 재워 둔다.

3. 새우, 돼지고기, 두부를 다져서 마 가루, 황기 가루, 청홍고추, 양파, 숙주를 넣어 오징어 속을 만든다.

4. 오징어에 속을 채우고 찜솥에 쪄 준다.

5. 조기의 비닐과 지느러미를 제거하고 칼집을 내서 팬에 지져 낸다.

6. 오징어를 잘라서 접시에 조기와 함께 같이 담아 마무리한다.

소화기 밥상

- 소화기계를 위한 건강한 식단 (2)

고영자

배해경

민들레 표고밥

재료

백미 4컵

표고 2개

민들레 50g

조리 방법

1. 모든 재료는 손질하여 씻어 준비한다.

2. 민들레, 표고를 채 썰어 준비한다.

3. 쌀 4컵을 씻어 밥솥 넣고 민들레, 표고를 위에 펴서 밥을 짓는다.

부추 아욱 고추장국

재료

부추 700g

아욱 1단

된장 1/2스푼

고추장 2스푼

마늘 분말 1/2스푼

모시조개 육수 1.5L

청양고추 약간

조리 방법

1. 모든 재료는 손질하여 씻어 준비한다.

2. 모시조개로 육수를 만들어 그 국물에 된장, 고추장, 마늘 분말, 청양고추를 넣고 끓여 준다.

3. 2에 손질한 아욱과 부추을 넣어서 끓여 마무리한다.

오징어 부추전

재료

오징어 2개

부추 50g

청홍 청양고추 3개

쌀튀김 가루 1컵

소금 1ts

물 1/2컵

계란 1개

콩기름 약간

조리 방법

1. 모든 재료는 손질하여 씻어 준비한다.

2. 오징어를 손질하여 청양고추와 같이 갈아 준다.

3. 2에 다진 부추, 계란, 쌀가루, 소금을 넣어서 반죽하여 전을 부쳐 준다.

국화 구기자 장아찌

재료

국화 100g

구기자 10g

누리 피클물 4컵

조리 방법

1. 식용 국화는 씻어서 찜솥에 김 올리기 30초 올려 준비한다.

2. 마른 구기자를 씻어 물기를 제거한다.

3. 소독한 용기에 식용 국화와 구기자를 넣고 누리 피클물을 부어 냉장 보관한다.

전복회

재료

전복 7개

누리 초고추장 약간

황기물 약간

후추 약간

와인 약간

조리 방법

1. 전복은 깨끗이 씻어서 내장을 뺀 후 칼집을 넣고 와인과 후춧가루를 뿌려 재워 놓는다.

2. 황기물에 전복을 삶아서 접시에 담고 누리 초고추장을 곁들인다.

무 부각

재료

무 1/4개

소금 약간

쌀 튀김가루 1/2컵

찹쌀가루 1컵

콩기름 약간

조리 방법

1. 무는 씻어서 얇게 슬라이스 하고 찹쌀가루와 쌀 튀김 가루를 섞어 준비한다.

2. 1을 소금에 살짝 절인 후 물기를 제거하고 준비한 가루를 입혀 준다.

3. 2를 찜기에 살짝 쪄서 말려 준다.

4. 기름에 튀겨서 마무리한다.

호두 & 완두콩 & 검은콩 & 아몬드 조림

재료

호두 150g

완두 50g

검은콩 50g

아몬드 50g

누리 간장 3스푼

들기름 약간

통깨 약간

조리 방법

1. 모든 재료는 손질하여 씻어 준비한다.

2. 호두는 뜨거운 물에 담갔다가 껍질을 벗겨 주고 완두콩은 데쳐서 준비해 둔다.

3. 검정콩은 물에 불려 놓고 프라이팬에 누리 간장을 두른 후 호두, 완두콩, 불린 검은콩, 아몬드를 넣고 조린다.

4. 들기름과 통깨를 약간 넣어 마무리한다.

※ 조림이 거의 끝나고 들기름을 넣는다.

※ 들기름과 참기름을 반반 섞어 사용하면 좋다.

모시 & 바지락 찌개

재료

모시조개 20개

바지락 20개

청양고추 3개

쑥갓 100g

마늘 1스푼

양파 1/2쪽

팽이버섯 1봉

무 1/4개

파 1/2대

조리 방법

1. 모든 재료는 손질하여 씻어 준비한다.

2. 모시조개, 바지락, 마늘을 넣고 끓인다.

3. 2에 손질한 쑥갓, 청양고추, 양파, 팽이버섯을 넣고 끓어오르면 간을 보고 마무리한다.

조기구이

재료

작은 조기 4마리

당귀 가루 1ts

새싹 채소 100g

와인 약간

후추 약간

콩기름 약간

레몬즙 약간

소금 약간

조리 방법

1. 모든 재료는 손질하여 씻어 준비한다.

2. 작은 조기를 손질하고 백와인, 후추, 레몬을 바른 후 소금을 살짝 뿌려 둔다.

3. 기름 두른 프라이팬에 조기를 넣어 구운 후 당귀 가루를 약간 뿌려 준 후 새싹 채소와 함께 마무리한다.

민들레 해파리 무침

재료

민들레 50g

해파리 200g

파프리카
(노랑, 빨강) 각1/4개

양파 1/4개

피망 1/4개

겨자 2스푼

다진 마늘 1스푼

식초 1스푼

꿀 1스푼

소금 약간

조리 방법

1. 모든 재료는 손질하여 씻어 준비한다.

2. 해파리는 짠맛이 강해 물에 미리 담갔다가 살짝 데쳐서 물기를 제거한다.

3. 파프리카, 양파, 민들레, 피망은 채 썰어 준비한다.

4. 겨자, 마늘, 식초, 꿀, 소금으로 소스를 준비한다.

5. 접시에 야채와 해파리를 담고 소스를 곁들인다.

닭갈비 볶음

재료

닭갈비용 닭 500g

배 1/2개

양파 1/2 개

다진 마늘 1/2Ts

고춧가루 1Ts

고추장 1 1/2Ts

당귀잎 가루 1ts

깨소금 약간

파 약간

양배추 50g

당근 약간

고구마 약간

팽이버섯 약간

와인 약간

레몬즙 약간

조리 방법

1. 모든 재료는 손질하여 씻어 준비한다.

2. 닭은 물기 제거 후 적당히 썰어서 와인과 레몬즙을 뿌려 둔다.

3. 갈아 준 배, 양파, 다진 마늘을, 당귀잎 가루, 고춧가루, 고추장 등 양념을 준비하여 닭을 재워 둔다.

4. 양배추, 대파, 고구마, 당근, 팽이버섯 등 야채를 모양내어 손질한다.

5. 재워 둔 닭을 냄비에 넣고 볶다가 야채를 넣어 익으면 깨소금을 뿌려 마무리한다.

※ 볶을 때 기호에 따라 떡볶이 떡을 넣어도 좋다.

사과 & 고구마 깍두기

재료

사과 1개

고구마 1개

양파 1/4개

고춧가루 1.5스푼

마늘 2ts

배 1/4개

황기물 약간

쪽파 약간

소금 약간

깨소금 약간

조리 방법

1. 모든 재료는 손질하여 씻어 준비한다.

2. 사과와 고구마, 양파는 물기를 제거 후 깍둑썰기를 한다.

3. 갈아 준 배즙에 황기물, 고춧가루, 마늘, 쪽파, 소금을 넣고 양념을 준비한다.

4. 썰어 둔 사과와 고구마, 양파에 양념을 넣어서 버무려 깨소금으로 마무리한다.

사과 배추김치

재료

사과 1/2개

배추 100g

무 1/4개

배즙 1컵

마늘 2ts

쪽파 약간

양파 1/4개

깨소금 약간

소금 약간

조리 방법

1. 모든 재료는 손질하여 씻어 준비한다.

2. 배추는 소금에 절여 놓고,

3. 무와 사과, 마늘은 얇게 채로 썰어 용기에 담고 배즙을 넣고 소금으로 간을 하여 준비한다.

4. 쪽파와 양파는 같은 길이로 썰어 준비한다.

5. 3과 4를 버무려서 절인 배추에 속을 넣어 준다.

순환기계

循環器系
Human Circulatory Organ System

심장, 혈액, 혈관, 림프계 등을 가리키며, 현대인에게 가장 흔한 질환인
고혈압, 이상지질혈증(고지혈증), 죽상경화(동맥경화), 심장질환(협심증,
심근경색, 부정맥)에 도움을 주는 약선 재료들로 구성된 상차림이다.

(순환기 1, 순환기 2)

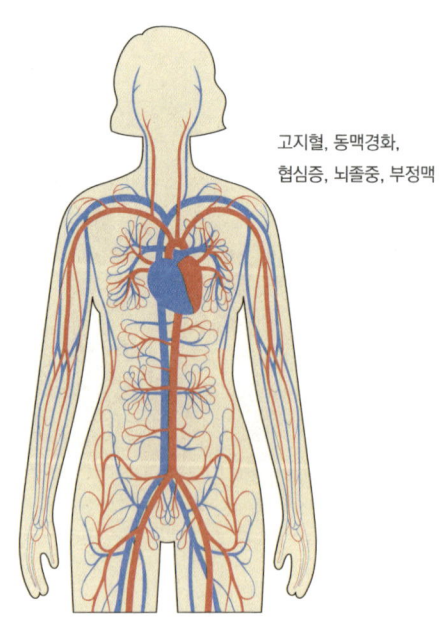

고지혈, 동맥경화,
협심증, 뇌졸중, 부정맥

순환기 밥상
– 순환기계를 위한 건강한 식단 (1)

김경화
배수림

멥쌀, 생땅콩, 율무 잡곡밥

재료

멥쌀 2컵

율무 1/4컵

생땅콩 2/3컵

조리 방법

1. 모든 재료는 손질하여 씻어 준비한다.

2. 율무는 끓는 물에 삶아 준비한다.

3. 백미와 땅콩, 율무를 넣고 밥을 짓는다.

아욱 올갱이 된장국

재료

된장 2스푼
올갱이 1컵
아욱 약간
청양고추 2개
계란 1개
쌀가루 약간
누리 육수 300㎖
대파(흰 부분) 1개

조리 방법

1. 모든 재료는 손질하여 씻어 준비한다.

2. 대파는 흰 부분만 어슷썰어 준비해 둔다.

3. 누리 육수에 된장을 넣고 중불에서 끓인다.

4. 끓어오르면 손질된 아욱을 넣고 올갱이를 쌀가루 묻혀 계란에 버무려서 국 위에 올려 주고 청양고추를 넣어 살짝 끓여서 마무리한다.

연근 옥수수전 & 들깻잎 대구전

〈연근 옥수수전〉

재료

연근 1/4쪽

생옥수수 약간

완두콩 약간

쌀가루 2Ts

계란 1개

황기물 3Ts

소금 약간

누리 간장 약간

콩기름 약간

조리 방법

1. 모든 재료는 손질하여 씻어 준비한다.

2. 손질된 연근은 얇게 썰어서 완두콩과 살짝 데쳐 준다.

3. 황기물에 생옥수수알을 넣어 갈고 쌀가루, 소금, 계란을 넣어서 반죽을 준비한다.

4. 연근은 슬라이스 해서 쌀가루 묻히고 3과 완두콩을 연근 구멍에 넣어서 기름에 지진다.

5. 누리 간장을 곁들여 낸다.

〈들깻잎 대구전〉

재료

들깻잎 4장

대구 50g

양파 1/4개

청양홍고추 1개

표고버섯 1개

쌀 튀김가루 1컵

마 가루 1ts

달걀 1개

후추 약간

소금 약간

콩기름 약간

조리 방법

1. 모든 재료는 손질하여 씻어 준비한다.

2. 생대구, 양파, 청양홍고추, 버섯을 다진 후 후추, 소금으로 간을 한다.

3. 들깻잎 뒷면을 쌀 튀김가루와 마 가루를 4:1로 섞어서 묻힌 후 준비한 2를 들깻잎에 넣고 모양을 내서 싼다.

4. 3를 계란물에 묻힌 후 지져 낸다.

참외 매실장아찌

재료

참외 장아찌 1/2개

매실 장아찌 10개

통깨 약간

부추 약간

참기름 약간

소금 약간

콩기름 약간

조리 방법

1. 참외 장아찌를 씻어 물에 담가 짠기를 뺀 후 물기를 제거한다.

2. 매실 장아찌는 썰어서 준비해 둔다.

3. 부추를 송송 썰어서 1, 2를 넣어 참기름 넣고 버무린다.

4. 통깨를 뿌려 마무리한다.

만두전골

재료

만두 5개

청경채 2포기

배추 50g

무 100g

숙주 100g

팽이버섯 약간

느타리버섯 약간

미나리 약간

홍고추 1개

두부 반 모

부추 약간

실파 약간

누리 육수 1L

※ 식성에 따라 고기를 추가해 준다.

조리 방법

1. 재료를 손질하고 씻어서 물기를 제거해 둔다.

2. 냄비에 납작하게 썬 무와 숙주를 깔아서 준비한다.

3. 두부는 부추로 모양을 낸다.

4. 2에 만두, 청경채, 팽이버섯, 느타리버섯, 두부, 미나리, 어슷썬 홍고추를 올려서 누리 육수를 부어 끓인다.

5. 소금으로 간하여 마무리한다.

〈만두소〉

1. 당면은 뜨거운 물에 불렸다 쓰고, 두부, 숙주, 당면, 양파, 버섯, 김치를 각각 다져 볶아 준다.

2. 1에 고춧가루, 마늘 가루, 들기름을 넣고 비무리면 만두소 완성.

가지구이

재료

가지 2개

파프리카
(노랑, 빨강) 각 1/2개

청피망 1/2개

양송이 4개

올리브오일 약간

누리 간장 약간

조리 방법

1. 모든 재료는 손질하여 씻어 준비한다.

2. 가지는 길게 편으로 썬 후 달군 프라이팬에 구워
   준다.

3. 파프리카(노랑, 빨강)와 청피망을 채로 썰고, 양송이
   는 편을 썰어서 살짝 볶아 준다.

4. 구운 가지에 볶은 채소를 넣고 둥글게 말아 준다.

5. 누리 간장을 곁들여 놓는다.

단호박 훈제오리와 야채찜

재료

단호박 1개

부추 50g

양파 1/2개

파프리카
(노랑, 빨강) 1/4개

모차렐라 치즈 100g

훈제오리 200g

청양고추 2개

마늘 1통

적와인 약간

후춧가루 약간

조리 방법

1. 모든 재료는 손질하여 씻어 준비한다.

2. 단호박 꼭지 부분을 자르고 속을 판다.

3. 꼭지 부분은 닫아서 전자레인지에 8분 돌려 준다.

4. 훈제오리를 적와인과 후춧가루를 넣고 재워 놓은 후 잘게 썰어 볶아 둔다.

5. 파프리카, 양파, 부추, 청양고추, 마늘 등 야채를 잘게 썰어서 프라이팬에 볶아 둔다.

6. 단호박에 4와 5를 넣고 마지막에 모차렐라 치즈를 올리고 꼭지를 닫아서 찜기에 15~20분 정도 쪄 준다.

유자피 생채

재료

유자피 1/2개

삼 1개

밤 2개

대추 1개

꿀 3Ts

조리 방법

1. 모든 재료는 손질하여 씻어 준비한다.

2. 유자피 속 하얀 것을 긁어내고 인삼은 채 썰어 준비한다.

3. 밤은 껍질을 벗겨 채 썰어 물에 살짝 담가 전분을 없애 준다.

4. 대추는 씨를 제거한 후 채 썰어 준비한다.

5. 용기에 재료를 넣고 꿀을 넣어 버무려 준다.

※ 유자피가 없을 경우 유자청을 사용해도 된다.

파강회

재료

실파 100g

팽이버섯 1봉지

식용 장미꽃 2송이

누리 초고추장 1/2컵

잣 약간

통깨 약간

조리 방법

1. 모든 재료는 손질하여 씻어 준비한다.

2. 실파와 팽이버섯은 끓는 물에 살짝 데쳐 물기를 제거한다.

3. 2번에 식용 장미꽃잎 한 장을 넣어 감싼 후 실파로 말아 준다.

4. 누리 초고추장에 잣, 통깨를 올려서 곁들여 준다.

백김치

재료

배추 1/2쪽

무 1/4개

당근 1/2개

쪽파 약간

양파 1/2개

미나리 약간

마늘 4쪽

천일홍꽃 찻물 50g

황기물 약간

배 1/2개

청양고추 1개

소금 약간

조리 방법

1. 모든 재료는 손질하여 씻어 준비한다.

2. 배추는 소금에 절이고 배는 강판에 간다.

3. 무는 채 썰어서 소금에 절이고, 마늘은 다지고, 미나리, 양파, 쪽파는 채 썰어 준비한다.

4. 절인 배추에 양념 속을 넣고 천일홍꽃 찻물을 우려 식힌 후 소금, 황기물, 청양고추를 넣어 김칫물을 준비해 준다.

5. 용기에 김치를 담고 김칫물을 부어 준다.

양송이 & 당근 부각

재료

당근 1개

양송이 2개

쌀 튀김가루 1컵

마 가루 1ts

표고버섯 가루 1ts

소금 약간

콩기름 약간

조리 방법

1. 모든 재료는 손질하여 씻어 준비한다.

2. 당근과 양송이를 슬라이스 해서 찜기에 1분 30초 찐다.

3. 2가 한 김 식으면 쌀 튀김가루에 마 가루, 표고버섯 가루, 소금을 섞어서 묻혀 준다.

4. 3을 찜기에 살짝 쪄서 말린다.

5. 기름에 살짝 튀겨 낸다.

대구조림

재료

대구 1마리
무 1/2개
양파 1/2개
쑥갓 100g
미나리 100개
실파 1/2대
표고버섯 1개
고춧가루 3T
누리 간장 3T
마늘 5쪽
백와인(청주) 2T
후추 1t
들기름 1T
소금 1T
청양홍고추 1개
청양청고추1개
깨소금 약간
육수 2컵
다시마 5×5 크기 1장
새우 가루 1ts
마 가루 1ts
황기 가루 1/2ts

조리 방법

1. 모든 재료는 손질하여 씻어 준비한다.

2. 대구를 백와인, 후춧가루에 재워 둔다.

3. 무를 씻어서 나박썰기 해서 냄비 바닥에 깔아 준다.

4. 대구에 고춧가루, 마 가루, 황기 가루, 다진 마늘, 소금, 누리 간장으로 양념을 한다.

5. 누리 육수를 넣고 자박할 정도로 조려 준다.

6. 대구가 익으면 쑥갓, 미나리, 실파, 표고버섯, 홍고추, 청고추를 올려 들기름을 둘은 다음 살짝 끓여 준다.

7. 마지막에 통깨로 마무리한다.

김 장아찌

재료

김 12장

고추장 4T

꿀(쌀조청) 1/3컵

간장 1/4컵

물 1/4컵

통깨 1T

밤 3톨

생강 1톨

조리 방법

1. 김을 먹기 좋게 자르고, 밤과 생강은 껍질을 벗겨 곱게 채 썬다.

2. 냄비에 간장, 꿀이나 쌀 조청을 넣어 끓여서 식으면 채 썬 밤과 생강, 고추장, 통깨를 넣는다.

3. 김에 발라 재워 놓는다.

순환기 밥상

– 순환기계를 위한 건강한 식단 (2)

기경희

박현순

백미, 팥, 연자육, 검정콩 잡곡밥

재료

백미 150g

팥 1/3컵

연자육 1/3컵

검정콩 1/3컵

조리 방법

1. 모든 재료는 손질하여 씻어 준비한다.

2. 연자육 가운데 연자심을 빼 살짝 삶고, 팥도 삶아 준비하며, 검정콩은 따뜻한 물에 불려 놓는다.

3. 백미에 연자심, 팥, 검정콩 넣고 물을 부어 밥을 짓는다.

쑥 된장국

재료

생쑥 120g

된장 2Ts

황기물 5cc

표고버섯 2개

물 6컵

청양고추 1개

생콩가루 약간

조리 방법

1. 모든 재료는 손질하여 씻어 준비한다.

2. 쑥은 데쳐서 물에 담가 두었다 물기를 제거한다.

3. 물에 된장, 청양고추, 황기물을 풀고 끓인다.

4. 3에 준비한 쑥에 생콩가루를 묻혀 넣고 표고버섯을 슬라이스 해서 넣어 준다.

대구전 & 무전

〈대구전〉

재료

대구포 100g

청고추 1개

홍고추 1개

후춧가루 약간

소금 약간

계란 2개

쌀 튀김가루 약간

와인 약간

콩기름 약간

조리 방법

1. 모든 재료는 손질하여 씻어 준비한다.

2. 대구포를 떠서 와인, 후추, 소금에 재운다.

3. 팬에 기름을 두르고 대구포를 쌀 튀김가루 묻혀 계란물 옷을 입혀 청고추와 홍고추를 고명으로 넣어 지져 낸다.

〈무전〉

재료

무 1/4개

대구포 20g

청고추 1개

홍고추1개

표고버섯 3개

두부 1/6모

새우 약간

양파, 당근 약간

후춧가루, 소금 약간

쌀 튀김가루 약간

조리 방법

1. 모든 재료는 손질하여 씻어 준비한다.

2. 무를 얇게 저며서 소금으로 절여 물기를 뺀 다음 가운데를 모양 틀로 찍어낸다.

3. 두부는 물기를 빼고 대구포, 새우, 표고버섯, 당근, 양파를 다져서 준비한다.

4. 3에 소금, 후춧가루를 넣고 버무린 다음 무 가운데 다진 것을 넣어 준다.

5. 4를 쌀 튀김가루를 묻혀 계란물 옷을 입혀 기름에 지져 낸다.

6. 청고추, 홍고추로 고명을 올려 마무리한다.

마늘 호두장아찌

재료

깐 마늘 3통

누리 간장 1컵

누리 식초 1/2컵

호두 20g

통깨 약간

조리 방법

1. 마늘과 호두를 까서 씻어 준비한다.

2. 호두는 뜨거운 물에 넣고 속껍질을 벗겨 준다.

3. 깐 마늘과 깐 호두를 깨끗하게 씻어 물기를 제거
   한다.

4. 용기에 깐 마늘과 깐 호두를 넣고 누리 간장과 누리
   식초를 부어 숙성한다.

※ 먹을 때 통깨소금을 넣어 먹으면 된다.

김부각

재료

김 4장

라이스페이퍼 2장

황기물 100㎖

찹쌀가루 1ts

소금 약간

잣 약간

생강가루 약간

계핏가루 약간

통깨소금 약간

조리 방법

1. 찹쌀가루에 생강가루, 계핏가루를 넣어 황기물과 소금을 넣고 끓여 식힌다.

2. 라이스페이퍼 양면에 찹쌀풀을 바르고 김 한 장씩 붙인다.

3. 건조 시킨 후 적당한 크기로 자른다.

4. 팬에 올리브유 넣고 뜨거워지면 중불에 살짝 튀겨낸다.

5. 통깨와 잣을 반 갈라서 장식한다.

표고버섯조림

재료

표고버섯 2개

누리 간장 약간

방울토마토 5개

브로콜리 1/5개

마늘쫑 3줄

깨소금 약간

※ 누리 간장 대신 토마토케첩으로 조려도 좋다.

조리 방법

1. 모든 재료는 손질하여 씻어 준비한다.

2. 마늘쫑, 브로콜리, 표고버섯을 소금물에 살짝 데치고 방울토마토는 뜨거운 물에 담가 두었다 껍질을 제거해 준다.

3. 용기에 재료 담아 누리 간장에 넣고 조려 낸다.

오리고기 & 도라지말이구이

재료

도라지 2개

오리고기 400g

당근 약간

부추 약간

양파 약간

배즙 1/2컵

소금 약간

마늘 가루 약간

고춧가루 1Ts

고추장 1Ts

적와인 약간

올리브유 약간

조리 방법

1. 모든 재료는 손질하여 씻어 준비한다.

2. 도라지 얇게 슬라이스 해서 소금에 절여 둔다.

3. 오리고기에 적와인, 마늘 가루, 고추장, 배즙, 고춧가루를 넣고 주물러 재워 둔다.

4. 당근, 부추, 양파를 3cm 길이로 채 친다.

5. 재워 둔 오리고기를 길게 펴 주고 도라지, 당근, 부추, 양파를 넣고 말아 준다.

6. 팬에 올리브유를 넣고 돌려 가며 굽는다.

대구해물찜

재료

대구 1마리

콩나물 1/2봉지

미더덕 1줌

새우 3마리

전복 3마리

무 1/5개

청양홍고추 3개

청양청고추 3개

대파 1개

고추장 약간

다진 마늘 약간

양파 1개

버섯 50g

황기 가루 약간

마 가루 약간

누리 간장 약간

백와인 약간

소금 약간

고춧가루 약간

조리 방법

1. 모든 재료는 손질하여 씻어 준비한다.

2. 대구는 머리 제거하고, 대구, 미더덕, 새우, 전복은 백와인, 소금으로 밑간을 해 둔다.

3. 냄비에 나박썰기한 무와 콩나물을 깔아 준다.

4. 3에 손질한 해물과 버섯은 슬라이스 하여 올린다.

5. 고추장, 고춧가루, 다진 마늘, 청양고추, 황기 가루, 마 가루, 누리 간장을 넣고 양념장을 만들어 올려 준다.

6. 끓으면 대파, 청양고추를 어슷썰어 올려 주고 살짝 끓여 마무리한다.

오이말이생채

재료

오이 1개

비트 1/4개

수박무 1/4개

양파 1/4개

부추 약간

파프리카 약간

누리 소스 약간

잣 약간

조리 방법

1. 모든 재료는 손질하여 씻어 준비한다.

2. 오이는 길게 슬라이스 해서 소금을 뿌려 재워 두고, 오이 폭에 맞추어 비트, 수박무는 슬라이스 해서 채 친다.

3. 부추, 양파, 노란 파프리카는 비트와 같은 길이로 채 쳐 준비한다.

4. 절인 오이는 물기를 짜서 수박무, 양파, 부추, 노란 파프리카를 넣고 돌돌 말아 반으로 자른다.

5. 누리 소스에 잣을 넣어 곁들여 낸다.

숙주나물 무침

재료

숙주 1/2 봉지

3색 파프리카
각 1/4개

들기름 약간

소금 약간

양파 반개

부추 한 줌

통깨소금

조리 방법

1. 모든 재료는 손질하여 씻어 준비한다.

2. 숙주, 파프리카, 부추, 양파의 물기를 뺀다.

3. 숙주는 찜솥에 살짝 쪄서 준비하고 3색 파프리카, 부추, 양파는 채를 썰어 준비한다.

4. 3에 마늘 가루, 소금, 들기름, 참깨를 넣고 조물조물 무친다.

동치미

재료

무 1/4개

삭힌 고추 3개

홍고추 1개

비트 우린 물 5컵

소금 약간

마늘 약간

갓 약간

조리 방법

1. 모든 재료를 다듬고 깨끗하게 씻는다.

2. 소금물에 비트를 넣고 물을 우린다.

3. 우린 물에 무, 삭힌 고추, 쪽파, 마늘, 갓을 넣어 익힌다.

호흡기계

呼吸器系
System Of Respiration

코, 인후(목), 기관지, 폐 등을 가리키며, 코로나19 팬데믹으로 인해 모든 사람들이 가장 관심 있는 인체기관이다. 감기, 비염, 독감, 코로나19 등 각종 호흡기 질환에 도움을 주고 면역력을 향상시키는 약선 재료들로 구성된 상차림이다.

(호흡기 1, 호흡기 2)

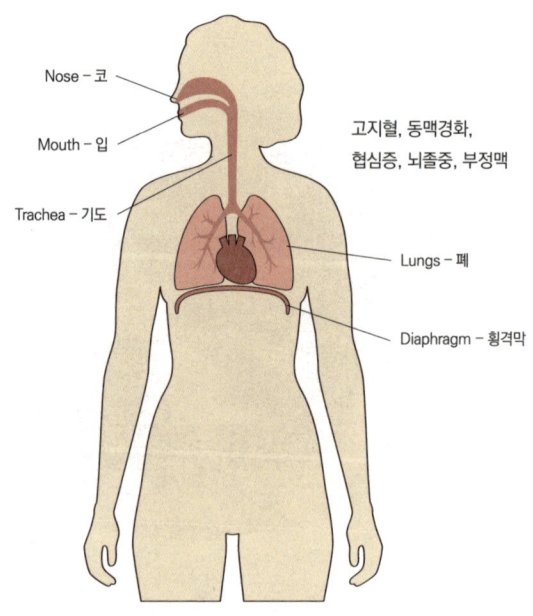

Nose – 코

Mouth – 입

Trachea – 기도

고지혈, 동맥경화,
협심증, 뇌졸중, 부정맥

Lungs – 폐

Diaphragm – 횡격막

호흡기 밥상

- 호흡기계를 위한 건강한 식단 (1)

최서연

김미혜

밤 옥수수밥

재료

밤 10개

생옥수수 50g

쌀 3컵

조리 방법

1. 모든 재료는 손질하여 씻어 준비한다.

2. 밤은 껍질을 벗겨 주고 옥수수 알갱이를 준비한다.

3. 백미와 2를 넣고 밥을 짓는다.

소고기뭇국

재료

소고기 100g

무 1/4개

표고버섯 2개

파 1/2대

적와인 약간

후춧가루 약간

소금 약간

마늘 가루 약간

생수 5컵

조리 방법

1. 모든 재료는 손질하여 씻어 준비한다.

2. 소고기는 적와인과 후춧가루에 재워 놓고 무는 나박 썰기 하여 준비한다.

3. 용기에 재워 놓은 소고기와 무를 넣고 먼저 살짝 볶아 준다.

4. 3에 물을 붓고 끓인 후 표고버섯, 마늘 가루, 파를 넣고 살짝 끓여 마무리한다.

녹차잎 장아찌

재료

녹차 순 100g

누리 피클물 2컵

누리 간장 1컵

깨소금 약간

조리 방법

1. 녹차 순을 손질하여 씻어 준비한다.

2. 녹차 순을 김 올리기 30초 해 준 다음 물기를 완전 제거한다.

3. 용기에 녹차 순을 넣고 누리 간장, 누리 피클물을 부어 준다.

4. 접시에 올린 후 깨소금으로 마무리한다.

※ 용기에 녹찻잎을 담기 전에 청양고추 조금 넣고 담아 주면 맛이 더 좋아진다.

땅콩 연자육조림

재료

생땅콩 60g

연자육 50g

누리 간장 약간

소금 약간

깨소금 약간

꿀 약간

조리 방법

1. 모든 재료는 손질하여 씻어 준비한다.

2. 연자육은 뜨거운 물에 미리 불려 준비한다.

3. 2에 생땅콩을 넣고 누리 간장과 소금으로 간하여 조려 주고 깨소금과 꿀로 마무리한다.

미꾸라지 도리뱅뱅이

재료

미꾸라지 20마리

적와인 약간

후춧가루 약간

양파 1/2개

청양고추 1개

배즙 1컵

계핏가루 약간

마 가루 약간

도라지 가루 약간

카레 가루 약간

쌀 튀김가루 2컵

콩기름 5컵

소금 1컵

밀가루 1컵

조리 방법

1. 모든 재료는 손질하여 씻어 주고, 미꾸라지는 소금과 밀가루를 넣고 주물러 해감하여 준비한다

2. 배즙에 양파, 청양고추를 갈아서 준비한다.

3. 2에 계핏가루, 마 가루, 도라지 가루, 카레 가루, 쌀 튀김가루를 넣고 반죽을 해 준다.

4. 반죽에 미꾸라지를 넣고 기름이 예열되면 튀겨 낸다.

5. 튀겨 낸 미꾸라지를 팬에 돌려서 놓고 고추장 소스를 곁들여서 살짝 구워 낸다.

〈고추장 소스〉

마늘 3쪽, 대파 1/2개, 고추장 1Ts, 고춧가루 3Ts, 청양홍고추 1개, 생수 약간

달래, 도라지 생채무침

재료

달래 1/2단

도라지 2개

고춧가루 1ts

홍고추 1개

마늘 가루 1ts

유자피 가루 1ts

쌀가루 약간

소금 약간

조리 방법

1. 모든 재료는 손질하여 씻어 준비한다.

2. 도라지를 소금과 쌀가루로 주물러서 아린 맛을 빼서 준비한다.

3. 달래를 3cm로 자르고 도라지는 달래 길이에 맞춰 채를 쳐 준다.

4. 3에 마늘 가루, 유자피 가루, 고춧가루, 소금으로 간을 맞추어 홍고추로 장식하여 마무리한다.

무청무침

재료

무청 200g

누리 맛간장 약간

들깻가루 약간

참기름 약간

파 1/2뿌리

마늘 가루 약간

통깨 약간

조리 방법

1. 모든 재료는 손질하여 씻어 준비한다.

2. 무청을 끓는 물에 삶아서 물기를 짜 주고 알맞게 썰어 준다.

3. 2에 누리 맛간장, 들깻가루, 파, 마늘 가루, 참기름, 통깨를 넣고 조물조물 무쳐 준다.

배추 & 도라지 물김치

재료

배춧잎 5장

도라지 1개

당근 1/4개

쪽파 10뿌리

갓 약간

무 1/4개

양파 1/2개

배즙 약간

마늘 가루 약간

생강 가루 약간

도라지꽃 찻물 3컵

소금 약간

조리 방법

1. 모든 재료는 손질하여 씻어 준비한다.

2. 배춧잎을 소금에 절여서 준비해 둔다.

3. 도라지, 당근, 쪽파, 갓, 무, 양파를 채를 쳐서 소금에 절여 준비한다.

4. 3에 배즙, 마늘 가루, 생강 가루로 양념한다.

5. 절인 배춧잎에 양념한 것을 놓고 돌돌 말아 준다.

6. 도라지꽃 찻물을 우려 김칫물로 사용한다.

도라지 & 귤피 & 표고버섯 부각

재료

〈도라지 부각〉	〈귤피 부각〉	〈표고버섯 부각〉
도라지 2개	귤피 2개	표고버섯 2개
계핏가루 약간	계핏가루 약간	계핏가루 약간
생강 가루 약간	생강 가루 약간	생강 가루 약간
찹쌀가루 약간	찹쌀가루 약간	찹쌀가루 약간
소금 약간	소금 약간	소금 약간

조리 방법

1. 모든 재료는 손질하여 씻어 준비한다.
2. 도라지는 3cm로 잘라 납작하게 썰고 귤피는 귤을 4등분해서 껍질을 사용한다.
3. 표고버섯은 얇게 저며 준다.
4. 찹쌀가루에 계핏가루, 생강 가루, 소금을 넣고 섞어서 준비한다.
5. 도라지, 귤피, 표고버섯은 김 올리기 30초를 한 다음 4에 버무린다.
6. 5를 다시 김 쏘이기 1분을 하여 말린다.
7. 말린 것을 오븐 100℃에 10~15분 구워 양념간장이랑 곁들여 마무리한다.

※ 프라이팬에 구워도 된다.

코다리 돼지고기 김치찜

재료

얇은 삼겹살 200g

코다리 1마리

김치 1/4포기

표고버섯 3개

무 1/5개

쑥갓 약간

양파 1/2개

쪽파 약간

청홍고추 각2개

통마늘 5개

고추장 1Ts

마 가루 약간

귀리 가루 약간

고춧가루 1ts

간장 약간

대파 약간

깨소금 약간

누리 육수 3컵

조리 방법

1. 모든 재료는 손질하여 씻어 준비한다.

2. 얇은 삼겹살을 와인과 후추로 재워 놓는다.

3. 김치 한 잎에 2를 넣고 돌돌 말아서 준비한다.

4. 고추장, 마 가루, 귀리 가루, 청홍고추, 고춧가루, 간장, 대파, 깨소금을 넣고 양념장을 만든다.

5. 냄비에 무를 납작하게 썰어 깔고 3과 코다리를 올려 주고, 표고버섯, 쑥갓, 양파, 통마늘, 고추를 곁들여서 장식한다.

6. 양념장을 코다리에 올려 주고 누리 육수를 넣어 중불에 끓여 준다.

도라지 표고버섯전

재료

도라지 2개

청홍고추 각1개

쪽파 3뿌리

표고버섯 8개

소금 약간

마 가루 약간

생콩가루 약간

찹쌀가루 1/2컵

계란 2개

조리 방법

1. 모든 재료는 손질하여 씻어 준비한다.

2. 도라지는 소금과 쌀가루로 주물러서 아린 맛을 빼 준다.

3. 표고버섯 대는 빼서 다져 주고, 버섯은 그대로 둔다.

4. 도라지, 청홍고추, 쪽파, 표고버섯 대는 다져서 소금, 마 가루, 생콩가루, 찹쌀가루로 반죽해 준다.

5. 표고버섯에 4를 넣어 계란물에 묻혀 지져 준다.

호흡기 밥상

- 호흡기계를 위한 건강한 식단 (2)

강민정
문훈희

치자 표고밥

재료

백미 4컵

치자 2개

표고 3개

조리 방법

1. 모든 재료는 손질하여 씻어 준비한다.

2. 치자는 미지근한 물에 색이 나오도록 미리 우려 놓는다.

3. 표고는 슬라이스 해서 준비해 둔다.

4. 백미와 표고에 치자 우린 물을 넣고 밥을 짓는다.

우거지 된장국

재료

삶은 우거지 250g

파 1뿌리

된장 2Ts

마 가루 1ts

생수 5컵

조리 방법

1. 모든 재료는 손질하여 씻어 준비한다.

2. 된장을 물 5컵에 마 가루를 넣고 풀어서 끓인다.

3. 끓으면 우거지, 파 넣고 조금 더 끓여 마무리한다.

단호박 물김치

재료

소고기 100g
무 1/4개
표고버섯 2개
파 1/2대
적와인 약간
후춧가루 약간
소금 약간
마늘 가루 약간
생수 5컵

조리 방법

1. 모든 재료는 손질하여 깨끗하게 물로 씻는다.

2. 단호박은 찌고, 속배추와 도라지, 무 마늘 나박썰기를 해 주고 미나리는 3cm로 썰어 준비한다.

3. 연하게 희석한 황기물에 소금 넣고, 김치 국물을 만들어 준비한다.

4. 생강, 귤피 가루, 청양고추, 단호박, 마늘은 다시팩에 넣어 사용한다.

5. 용기에 4를 담고, 속배추, 도라지, 미나리, 무, 마늘을 담아 3을 부어 당근을 납작하게 썬 후 모양 틀로 찍어 올려 준다.

도라지 배추김치

재료

도라지 100g

배추 4포기

미나리 30g

배 1/2쪽

무 1개

누리 육수 200㎖

양파 1/2개

마늘 100g

쪽파 흰 부분 10g

홍고추 200g

죽염 1ts

당근 1/2개

생강 1/2쪽

조리 방법

1. 모든 재료는 손질하여 깨끗하게 물로 씻는다.

2. 도라지는 채 쳐서 소금에 아린 맛을 빼서 준비하고, 무도 채 쳐서 죽염을 넣어 버무려 준비한다.

3. 배 1/2과 생강을 갈아서 즙을 내서 준비한다. 배춧잎은 절여서 준비한다.

4. 2에 배즙, 누리 육수를 넣어 준다.

5. 4에 당근, 쪽파, 미나리 줄기, 양파를 채 썰어서 넣어 버무려 재워 둔다.

6. 절여 놓은 배춧잎을 씻어 물기를 꼭 짜서 배춧잎 한 장에 양념해 둔 재료를 넣고 동그랗게 말아 완성해 준다.

미나리 당근무침

재료

당근 1/2개

미나리 줄기 150g

마늘 가루 약간

깨소금 약간

소금 약간

조리 방법

1. 모든 재료는 손질하여 깨끗하게 물로 씻는다.

2. 당근은 채를 썰어 둔다.

3. 미나리는 3cm 크기로 잘라 둔다.

4. 용기에 당근과 미나리를 넣고 마늘 가루, 소금, 깨소금을 뿌려 생채를 버무려 준다.

마전

재료

마 100g

귤피 가루 2ts

소금 1ts

달걀 2개

쌀 튀김가루

올리브오일 약간

조리 방법

1. 모든 재료는 손질하여 깨끗하게 물로 씻는다.

2. 마를 얇게 썰어 놓은 후 소금으로 밑간하고, 쌀 튀김 가루에 귤피 가루를 넣어 마에 무쳐서 준비한다.

3. 준비한 마를 달걀물에 적셔 올리브오일로 약한 불에 조리한다.

애기 배추 숙채 & 복숭아 말이

재료

애기 배추 30줄기

누리 초고추장 2Ts

소금 약간

부추 약간

설탕 약간

3색 파프리카
각 1/4개

조리 방법

1. 모든 재료는 손질하여 깨끗하게 물로 씻는다.

2. 애기 배추를 물에 소금 약간 넣어 살짝 삶아 물기를
   짠 후 한 줄기씩 말아 감아 놓는다.

3. 복숭아는 슬라이스해서 소금, 설탕에 재워 놓는다.

4. 복숭아에 채 친 3색 파프리카를 넣고 말아서 부추
   로 묶어 준다.

5. 누리 초고추장을 소스로 곁들인다.

호두 마늘조림

재료

호두 15알

구운 통마늘 15알

건조 슬라이스 당근
15조각

누리 맛간장 2Ts

올리브오일 1Ts

꿀 1ts

통깨소금 약간

조리 방법

1. 모든 재료는 손질하여 깨끗하게 물로 씻는다.

2. 거피한 호두, 건조한 당근, 구운 통마늘을 팬에 넣
   어 주고 누리 맛간장과 올리브오일을 넣어 조린 후
   꿀을 넣어 윤기를 준다.

3. 통깨를 뿌리고 그릇에 담아낸다.

낙지야채볶음

재료

고춧가루 1Ts

낙지 5마리

땅콩호박 1/3개

콩나물 1/2봉지

표고버섯 3개

잣 15알

팽이버섯 1봉

쪽파 5줄기

청홍고추 1개씩

마늘 가루 2ts

누리 육수 200㎖

마 가루 5ts

깨 1ts

무 슬라이스 5쪽

고추장 1Ts

생강 귤피 가루 1ts

통마늘 2개

양파 1/2개

조리 방법

1. 모든 재료는 손질하여 깨끗하게 물로 씻는다.

2. 전골냄비 밑바닥에 얇게 자른 무와 콩나물 깔아 준비한다.

3. 낙지에 고춧가루, 고추장, 마 가루, 마늘 가루, 생강 귤피 가루를 넣고 버무려 준비한다.

4. 2 위에 3을 가운데 넣고 양파, 버섯, 땅콩, 호박, 잣, 마늘, 청양고추, 쪽파를 넣고 장식을 한다.

5. 4에 누리 육수를 넣고 볶아 준다.

더덕 돼지고기말이

재료

더덕 100g

삼겹살 400g

고추장 4Ts

마늘 2알

꿀 1ts

깨소금 1ts

후춧가루 1/3ts

조리 방법

1. 모든 재료는 손질하여 깨끗하게 물로 씻는다.

2. 더덕은 껍질을 까서 길게 슬라이스 해서 팬에 살짝 구워 준비한다.

3. 고추장에 마늘, 꿀, 후춧가루, 깨소금으로 양념고추장을 만든다.

4. 돼지고기에 양념고추장을 바르고 약불에 구워 준다.

5. 구워진 돼지고기에 2를 넣고 말아서 잣을 올려 완성한다.

고등어조림

재료

고등어 1마리

청양고추 3개

소금 1.5ts

후춧가루 1/3ts

귤피 생강 가루 1ts

마 가루 1ts

황기 가루 1ts

생수 1컵

미나리 5줄기

쑥갓 5줄기

표고버섯 3개

팽이버섯 1줌

무 5쪽

땅콩호박 3쪽

통마늘 5알

묵은지 1/4쪽

쪽파 약간

조리 방법

1. 모든 재료는 손질하여 깨끗하게 물로 씻는다.

2. 냄비에 무를 얇게 썰어 깔아 준 후 고등어를 올려 준다.

3. 생수 1컵에 청양고추 얇게 썰어 소금과 후춧가루, 귤피 생강 가루, 마 가루, 황기 가루를 양념하여 고등어 위에 부어 준다.

4. 묵은지를 물에 씻어서 곁들여 주고 미나리, 쑥갓, 쪽파, 표고버섯, 팽이버섯을 옆에 올려 주고 약불로 끓여 준다.

기타 레시피

구라연
강용은, 배해경
박현순, 김경화
최서연, 문훈희
이경미, 박순덕
오근국

죽순, 애호박밥

재료

죽순 150g

불린 쌀 2컵

쌀뜨물 2컵

좁쌀 30g

애호박 1개

소금 약간

완두콩 약간

깨 약간

조리 방법

1. 죽순은 쌀뜨물을 붓고 푹 삶는다.

2. 쌀과 좁쌀은 깨끗이 씻어 불려 놓는다.

3. 불린 쌀과 좁쌀은 냄비에 안쳐 밥을 짓는다.

4. 죽순이 잘 삶아지면 껍질을 벗겨 마디 있는 부분을 살려서 먹기 좋은 크기로 자른다.

5. 호박은 씻어 3~4cm 크기로 토막 후 속을 도려내고 찜기에 물이 끓어오르면 8분 정도 쪄 준다.

6. 밥에 양념을 한 후 간을 보고 잘 쪄진 죽순과 호박에 밥을 담아낸다.

7. 완두콩은 삶아 죽순 밥 위에 고명으로 올려서 낸다.

닭가슴살 스테이크

재료

닭 가슴살 2개

마늘 2개

토마토 1개

자두 2개

소금 약간

후추 약간

참깨 2T

매실청 3T

올리브오일 5T

레몬즙 2T

찹쌀가루 60g

단호박(튀김용) 150g

통들깨 2T

물 2컵

단호박
(호박차용) 170g

아스파라거스 3개

조리 방법

1. 모든 재료를 손질하고 깨끗이 씻어 준비한다.

2. 닭 가슴살을 손질하여 물기를 제거한 후 후추와 소금으로 밑간해 놓는다.

3. 통마늘은 썰어 살짝 구워 놓고, 토마토는 먹기 좋은 크기로 자른다.

4. 자두는 씨를 제거하여 잘게 다지고, 매실청, 올리브오일, 참깨, 레몬즙, 소금을 믹서기에 넣고 곱게 갈아 준다.

5. 닭 가슴살을 프라이팬에 20분간 굽는다.

6. 단호박은 껍질을 벗겨 얇게 썰어 놓고, 전분 가루를 묻혀 찹쌀 반죽에 통들깨를 혼합해서 기름에 튀겨 준다.

〈소스〉

1. 껍질을 벗긴 단호박을 얇게 썬 후 물 2컵을 붓고 푹 익도록 삶는다.

2. 삶은 단호박이 식으면 믹서기에 갈아 냄비에 담아 팔팔 끓인다.

3. 소금으로 간을 하고 약불에 수분이 날아가도록 저어 가며 끓여 준다.

장어 더덕말이

재료

민물장어 1마리

더덕 3개

마른 홍고추 2개

통마늘 5개

대파 1줄기

간장 1/2컵

청주 3T

설탕 1/2컵

물 1컵

통후추 약간

생강 약간

조리 방법

1. 더덕은 깨끗이 씻어 껍질을 제거한 후, 끓는 물에 소금 약간 넣어 데쳐 낸 뒤 물기 제거 후 소금과 참기름으로 버무려 놓고 장어도 씻어 손질한다.

2. 냄비에 간장, 청주, 설탕, 물을 넣고, 통마늘, 생강, 대파, 통후추 넣고 센불에서 졸이다 끓으면 약불에서 은근하게 졸인다.

3. 생강은 가늘게 채 썰어 찬물에 아린 맛을 우려 내고 물기를 제거한다.

4. 손질된 장어를 팬에 앞뒤로 뒤집으며 졸여진 양념소를 발라 가며 구워 준다.

5. 장어가 다 구워졌으면 들깻잎, 더덕을 말아 먹기 좋게 자른 후 접시에 담고 생강 채를 고명으로 올린다.

해신탕

재료

닭(작은 것) 1마리

전복(중간 크기) 5개

낙지(중간 크기) 3마리

팽이버섯 1봉지

표고버섯 5개

대하 5개

통마늘 9개

부추 50g

후춧가루 약간

인삼 1뿌리

대추 5개

누리 육수 1.5L

밀가루 1컵

소금 1/2컵

조리 방법

1. 모든 재료는 손질하여 씻어 준비한다.

2. 낙지는 내장을 빼고 밀가루와 소금으로 해감해 준다.

3. 전복도 내장을 제거해서 준비한다.

4. 냄비에 모든 재료를 이쁘게 담고 누리 육수를 넣어 간을 보고 끓여 준다.

대구 스테이크

재료

생대구포 6개

단호박 2/1개

3색 파프리카,
피망 각 2/1개

양파 1/2개

양송이 5개

목이버섯 50g

새싹 채소 100g

마 가루 1ts

황기 가루 1ts

쌀 튀김가루 100g

백와인 약간

후춧가루 약간

대하 3마리

목이버섯 약간

소금 약간

청양고추 1개

콩기름 약간

레몬 1/3개

생수 1컵

조리 방법

1. 모든 재료는 손질하여 씻어 준비한다.

2. 대구포를 와인과 후추로 재워 둔다.

3. 단호박은 껍질을 까서 쪄서 준비한다.

4. 대하와 대구살을 다져 청양고추, 소금으로 간을 한다.

5. 4를 마 가루, 황기 가루, 쌀 튀김가루로 반죽을 해서 사각 모양으로 만들어서 구워 낸다.

6. 파프리카, 피망, 목이버섯, 표고버섯, 양송이는 잘게 다져서 기름 없이 볶아 준비한다.

7. 단호박을 으깨 생수를 부어 살짝 끓이고 6을 넣어 다시 한번 끓여 준 후 간을 본다.

8. 2는 찹쌀가루를 묻혀 구워 준다.

9. 새싹 채소를 밑에 깔고 8과 5를 접시에 담고 소스를 위에 올려 준 후 레몬을 슬라이스 해서 완성한다.

돈수육

재료

삼겹살, 목삼겹 600g

배추속대 100g

무말랭이 60g

당귀 50g

마늘 가루 약간

고춧가루 1T

통마늘 6개

배 1/2개

쪽파 50g

겨잣잎 6장

조리 방법

1. 재료들을 다듬고 깨끗이 씻어 준비한다.

2. 삼겹살과 목살은 와인, 후추에 1시간 재운 후 찜솥에 쪄서 썰어 준비한다.

3. 배추속대를 소금에 절여 깨끗이 씻어 준비한다.

4. 무말랭이를 배즙에 담가 불려 주고 마늘은 슬라이스 해서 준비한다.

5. 무말랭이가 불으면 고춧가루, 마늘, 마 가루, 쪽파, 겨잣잎을 넣고 버무린다.

6. 준비한 재료들을 접시에 모양내어 담아 준다.

무 야채샐러드

재료

무 1/2개

치자 약간

와사비 약간

아마란스 약간

파프리카
(노랑, 빨강) 각 1개

오이 1개

배 1개

콜라비 1/4개

새싹 채소 100g

미나리 약간

누리 피클물 3컵

조리 방법

1. 모든 재료는 손질하여 씻어 준비한다.

2. 무는 얇게 슬라이스 해서 누리 피클물에 담가 놓는다.

3. 파프리카, 오이, 배, 콜라비는 5~6cm로 채 썰어 준비한다.

4. 미나리는 줄기만 삶아서 준비한다.

5. 무 피클의 물기를 없애고 각종 야채를 넣고 예쁘게 말아서 미나리로 묶어 준다.

6. 만든 피클 무와 흑임자 갈릭소스를 만들어 그릇에 담아 완성한다.

〈흑임자 갈릭소스〉

마요네즈 3T, 식초 1T, 레몬 1T, 올리고당 1T, 진간장 1/2T, 소금 약간, 마늘즙 1T, 흑임자 3T

171

오리알 장조림

재료

오리알 5개

연근 200g

누리 맛간장 4컵

통마늘 5개

들기름 약간

깨소금 약간

생수 1컵

청양고추 2개

조리 방법

1. 모든 재료는 손질하여 씻어 준비한다.

2. 오리알 5개를 먼저 삶아 껍질을 벗겨 준비한다.

3. 연근은 슬라이스 해서 준비하고 오리알을 누리 맛간장에 생수 1컵과 청양고추를 넣고 처음에는 센불로 10분간 끓인 후 약불로 15분간 더 졸여 준다.

4. 3에서 약불로 졸일 때 연근을 같이 넣고 졸여 준다.

5. 간을 보고 들기름과 깨소금으로 마무리한다.

연어 스테이크

재료

연어 300g

양파 1개

레몬 슬라이스 3쪽

꿀 1T

마요네즈 3T

마늘 3쪽

방울토마토 10개

아스파라거스 5개

버터 1T

매실 장아찌 2T

로즈마리 약간

소금 약간

후추 약간

백와인 약간

올리브오일 약간

파프리카

조리 방법

1. 모든 재료는 손질하어 씻어 준비한다.

2. 연어를 키친타월에 물기를 제거해 준비한다.

3. 준비한 연어에 백와인, 소금, 후추로 밑간을 한 후에 올리브오일에 재워 준비한다.

4. 양파와 매실 장아찌는 잘게 다져 마요네즈에 섞어 작은 파프리카에 담을 소스를 준비한다.

5. 방울토마토, 아스파라거스도 소금으로 밑간 후 올리브오일을 약간 넣고 볶아 따로 준비한다.

6. 밑간한 연어는 기름을 넣지 않고 중불에 잘 익혀 준다.

7. 어느 정도 연어가 익으면 버터를 넣고 버터가 녹으면 버터 녹은 것을 위로 계속 뿌려 주면서 익힌다.

8. 연어에 소스를 넣고 3분 정도 졸인 후 마무리한다.

〈소스〉

발사믹 4T, 간장 4T, 물 4T, 꿀 1T

최서연, 문훈희

매콤 과일초밥

재료

쌀 600g

다시마 조금

과일
(키위, 딸기, 바나나,
감, 포도 등) 조금씩

천연식초 1/2컵

소금 2ts

참기름 2T

조리 방법

1. 모든 재료는 손질하여 깨끗이 씻어 준비한다.

2. 쌀은 물량을 조절하고 다시마를 넣어 고슬고슬하게
   밥을 한다.

3. 과일을 잘 씻어 적당한 크기로 얇게 저며 놓는다.

4. 밥을 식혀 천연식초와 소금, 참기름으로 버무려 놓
   는다.

5. 소고기, 청양고추, 양파, 간장을 넣고 볶다가 된장을
   넣어 다시 볶아 고추다짐장을 만든다.

6. 초밥 사이에 고추다짐장을 넣고 과일을 올려 접시에
   담는다.

〈고추다짐장〉

소고기 100g, 청양고추 10개, 양파 1/4개, 간장 1T, 참기
름 2T, 식용유 1T, 된장 1T

※ 입맛에 맞는 소스와 함께 먹으면 더욱 좋다.

토마토 샐러드

재료

토마토 5개

중새우 8마리

골뱅이 4개

양송이 2개

양파 1/4개

파프리카 1/2개

타르타르소스 150g

모차렐라 치즈 100g

오디 발사믹식초 2T

샐러드용 야채 200g

조리 방법

1. 모든 재료는 손질하여 깨끗이 씻어 준비한다.

2. 토마토는 꼭지를 제거하고 살짝 잘라 뚜껑을 만들어 주고 속을 파낸다.

3. 중새우와 골뱅이는 데친 후 1cm 간격으로 자른다.

4. 양송이는 가로 1cm, 세로 1cm로 잘라 프라이팬에 살짝 구워 낸다.

5. 양파와 파프리카는 가로 0.5cm 세로 0.5cm로 썰어 준다.

6. 3~5를 타르타르소스에 버무려 토마토 속에 넣은 후 윗부분에 모차렐라 치즈를 얹는다.

7. 찜기에 토마토를 넣고 치즈가 녹을 만큼 5분 쪄 준다.

8. 토마토를 그릇에 담고 샐러드용 야채에 발사믹식초를 뿌려 마무리한다.

구약국수 초무침

재료

구약국수 400g

계란 1개

홍고추 1개

미나리 100g

소고기 100g

숙주 200g

표고버섯 100g

목이버섯 100g

당근 1개

참기름 2T

간장 1T

소금 1ts

조리 방법

1. 모든 재료는 손질하여 깨끗이 씻어 준비한다.

2. 구약 국수를 끓는 물에 소금을 넣고 살짝 데쳐 찬물에 넣었다 건져 놓는다.

3. 숙주는 머리 제거하고 목이버섯, 표고버섯, 숙주를 데쳐서 볶아 준다.

4. 당근은 채 쳐서 볶아 놓고 소고기도 밑간하여 볶는다.

5. 계란 노른자와 흰자를 나눠 지단을 부친다.

6. 고추는 씨를 제거하고 4cm 채 쳐 주고, 미나리는 뜨거운 물에 데쳐서 4cm로 자른다.

7. 구약국수를 참기름, 간장, 소금으로 밑간을 한다.

8. 접시에 예쁘게 담아 완성한다.

※ 입맛에 맞는 소스와 함께 먹으면 더욱 좋다.

이경미, 박순덕

메밀꽃 순 피클

재료

메밀꽃 순 100g

누리 피클물 4컵

조리 방법

1. 메밀꽃 순을 다듬고 씻어 준다.

2. 씻어 준 메밀꽃 순의 물기를 완전 제거해 준다.

3. 용기에 2를 담고 누리 피클물을 부어 준다.

※ 누름 용기를 사용하는 것이 좋다.

밤, 삼, 대추, 유자피 장아찌

재료

밤 15개

유자피 1개

삼 1뿌리

대추 5개

누리 간장 3컵

누리 피클물 1컵

조리 방법

1. 모든 재료는 손질하여 깨끗이 씻어 준비한다.

2. 밤 껍질을 모두 제거하고, 유자 속은 버리고(수저로 유자피 안에 있는 것을 제거한다.) 대추도 씨를 제거해서 준비한다.

3. 삼은 적당한 크기로 썰어 준비한다.

4. 찜솥에 밤을 넣고 1분 증제해 준비한다.

5. 삼, 밤, 대추, 유자피의 물기가 마르면 용기에 담아 누리 간장과 누리 피클물을 부어 준다.

※ 얼큰하게 먹고 싶으면 용기 밑에 청양고추를 넣어 먹으면 된다.

쪽갈비 밤찜

재료

쪽갈비 12쪽

와인 1T

배즙 반 컵

사과즙 반 컵

양파즙 반 컵

레몬즙 1T

밤 7~8개

통마늘 4~5개

마 가루

후춧가루 약간

고운 고춧가루 2~3T

누리 맛간장 3T

생수

※ 졸이는 거라 간을 심심하게 한다.

조리 방법

1. 모든 재료를 손질하여 깨끗이 씻어 준비한다.

2. 쪽갈비는 물에 핏물을 살짝 빼 주고 배즙, 와인, 레몬즙, 후춧가루에 40~50분간 재웠다가 찜솥에 20분 쪄서 준비한다.

3. 누리 맛간장에 사과즙, 양파즙, 마 가루, 고운 고춧가루를 넣고 물로 배합하여 간을 맞추고 솥에 준비한 2를 넣어 뚜껑을 덮고 끓여 준다.

4. 끓이는 중간쯤 밤과 통마늘을 넣어 준다.

5. 쪽갈비가 다 익으면 솥뚜껑을 열고 국물을 자작하게 졸여 준다.

해물야채 샤브샤브

재료

숙주 100g

청경채 2개

버섯
(팽이버섯, 느타리버
섯, 표고버섯) 약간씩

낙지 1마리

오징어 1마리

가리비 3~4개

새우 5마리

미더덕 약간

배추속대 1개

새싹 1팩

파프리카(노랑, 빨
강) 각 반 개

당근 반 개

부추 약간

누리 육수

누리 맛간장

※ 식성에 따라 소고기를 넣어 먹어도 좋다.

조리 방법

1. 모든 재료를 손질하여 깨끗이 씻어 준비한다.

2. 배추속대는 찜솥에 살짝 쪄서 준비한다.

3. 파프리카는 씨를 제거하고, 당근, 부추도 2~3cm 길
   이로 채 쳐 준비한다.

4. 배추속대를 길게 펴서 파프리카, 당근, 부추를 각
   2~3개씩 넣고, 새싹을 넣어 말아서 반을 잘라서 준비
   한다.

5. 오징어는 칼집을 내서 잘라 준비한다.

6. 냄비에 숙주를 깔고 배추말이 한 것을 한쪽에 넣고
   청경채와 버섯 종류, 낙지, 오징어, 새우, 가리비, 미
   더덕을 넣어 주고 누리 육수를 적당히 부어 누리 맛
   간장으로 간을 맞추어 끓여 준다.

배추 야채 피클

재료

배추속대 10장

수박무 1/2

새싹 작은 팩 1팩

파프리카(노랑, 빨강),
피망 각 반쪽씩

피클물

조리 방법

1. 모든 재료를 손질하여 깨끗이 씻어 준비한다.

2. 배추속대는 찜솥에 살짝 쪄서 준비하고, 무는 얇게 슬라이스 해서 준비한다.

3. 피망, 파프리카는 씨를 제거한 후 4~5cm 길이로 채 쳐서 준비한다.

4. 배추속대를 길게 펴서 수박무, 채 친 파프리카, 피망 각 1개씩 넣고, 새싹을 넣어 말아 준다.

5. 용기에 4를 담고 피클물을 적당히 부어 주어 완성한다.

※ 배추속대가 아닌 다른 잎으로 사용해도 된다. (예: 케일잎 등)

※ 수박무가 없으면 무로 사용해도 된다.

머윗잎 된장 주먹밥

재료

머윗잎 15장

밥 2공기

된장 2Ts

마 가루 1ts

청양고추 1개

양파 1/4쪽

볶은 통참깨 약간

참기름 약간

들기름 약간

조리 방법

1. 재료들을 손질하여 씻어 준비하고, 머윗잎은 삶아서 물에 담가 두었다가 사용한다.

2. 청양고추, 양파를 다져서 된장에 마 가루와 함께 넣어 섞어 준비한다.

3. 용기에 밥 2공기, 통깨 참기름, 들기름을 넣고 버무려 준비한다.

4. 버무려진 밥을 한 입 크기 양에 된장을 넣고 꼭꼭 주물러 주먹밥을 만들고, 담가 둔 머윗잎을 꼭 짜서 밥에 싸서 마무리한다.

무 누드만두

재료

작은 무 1/4쪽

두부 1/5쪽

칵테일새우 20마리

양파 1/4쪽

청양고추 2개

마 가루 약간

쌀 가루 약간

소금 약간

깨소금 약간

부추 약간

당근 약간

숙주나물 약간

조리 방법

1. 모든 재료는 손질하여 씻어서 준비한다.

2. 무는 얇게 슬라이스 해서 살짝 쪄서 준비하고 두부
   는 물기 없이 꼭 짜서 준비한다.

3. 칵테일새우, 양파, 청양고추, 숙주, 부추, 당근은 다
   지기 해서 준비한다.

4. 3에 두부, 마 가루, 쌀가루, 깨소금 넣고 소금으로 간
   하여 버무려 만두속을 준비한다.

5. 무에 4를 넣어 모양을 만들어 찜솥에 넣고 익으면 접
   시에 담아 마무리한다.

찜, 탕, 샐러드

정하영
박선영

돼지고기 수육

재료

돼지고기
통삼겹살 600g

무 200g

양파 1개

대파 2대

마늘 10알

생강 1톨

청양고추 2개

물 2L

다시마 4g

통후추 20알

된장 2T

간장 1T

월계수잎 4장

청주 100㎖

사과 1개

미나리 50g

배추속대 50g

배추김치 150g

감초 4g

당귀 4g

조리 방법

1. 모든 재료는 손질하여 깨끗이 씻어 준비한다.

2. 조리 전 찬물에 돼지고기를 20분 담가 핏물을 제거한다.

3. 돼지고기에 청주, 된장을 바르고 30분 숙성시킨다.

4. 물에 납작 썬 무, 양파, 대파, 마늘, 생강, 청양고추, 월계수잎, 사과, 다시마, 감초, 당귀를 넣고 끓인다.

5. 끓는 물에 돼지고기를 넣고 다시 물이 끓으면 뚜껑을 덮고 센불에 15분, 중불에 30분 이상 끓인다.

6. 삶은 후 찬물에 한 번 헹군 후 식혀 얇게 썬다.

〈새우젓 양념장〉

새우젓 3T, 물 3T, 다진 마늘 2T, 다진 청양고추 1T, 다진 홍고추 1T, 깻가루 1T, 참기름 1t, 꿀 1t

※ 요리 해설: 돼지고기는 올레산, 리놀레산 등 고도의 불포화지방산과 아미노산, 비타민B군이 풍부하며 소화기인 비장과 위장에 좋다. 찬 성질로 인해 배탈, 설사, 소화불량 등의 부작용을 예방하기 위해 따뜻한 성질의 마늘, 생강, 고추, 후추의 조미료를 사용한다. 새우젓 양념장은 돼지고기의 맛과 소화를 돕는다.

구기자 백숙

재료

생닭 10호 1kg

전복 3개

구기자 30g

찹쌀 100g

마늘 10개

대파 2대

양파 1개

생강 20g

물 3L

황기 5g

엄나무 20g

대추 5개

뽕나무 30g

오갈피 30g

당귀 3g

밤 3개

둥굴레 30g

무 200g

통후추 20알

월계수잎 5장

청양고추 2개

다시마 4g

소금 1T

청주 150㎖

조리 방법

1. 모든 재료는 손질하여 깨끗이 씻어 준비한다.

2. 찹쌀은 미리 2시간 이상 불리고, 지방이 많은 닭 꽁지 부위는 제거한 후 뱃속을 세척한다.

3. 끓는 물에 닭, 청주를 넣고 10분 더 끓인 후 닭만 건져 내고 물은 버린다. (닭 냄새 및 불순물 제거)

4. 닭의 뱃속에 찹쌀, 마늘, 대추, 밤을 채우고 다리를 꼬아 준다.

5. 약재 삼베망에 구기자, 황기, 엄나무, 대추, 뽕나무, 오갈피, 당귀, 둥굴레, 월계수잎, 통후추, 대파, 양파, 생강, 청양고추, 다시마를 넣는다.

6. 물에 소금, 무, 마늘과 약재 삼베망을 넣고 육수를 끓인다.

7. 육수가 끓으면 닭을 넣고 센불로 10분 끓인 후 중약불로 40분 이상 끓인다. 마늘이 물러지면 불을 끈다.

※ 요리 해설: 소화기를 대표하는 비장과 위장 기능을 개선시키기 위해 주재료를 닭으로 백숙을 조리하였으며 소화 효소의 근원인 간 기능 향상을 위해 부재료로 전복, 구기자, 마늘을 사용한다. 전체적으로 비, 위, 간경 위주의 재료를 사용하였으며, 음양오행의 오장과 오색의 조화로 건강한 맛과 효능을 기대할 수 있다.

복을 부르는 장수 오리

재료

오리 2kg

인삼 3뿌리

황기 5g

은행 20개

밤 5개

찹쌀 150g

엄나무 20g

대추 5개

뽕나무 30g

오갈피 30g

둥굴레 30g

통후추 30알

당귀 3g

무 300g

월계수잎 5장

다시마 5g

청양고추 3개

청주 200㎖

물 5L

생강 40g

양파 1개

대파 2대

소금 1T

마늘 30개

조리 방법

1. 모든 재료는 손질하여 깨끗이 씻어 준비한다.

2. 찹쌀은 미리 2시간 이상 불리고, 오리 꽁지와 목 주변의 지방이 많은 곳은 제거한 후 뱃속을 깨끗이 세척한다.

3. 끓는 물에 오리, 청주를 넣고 10분 더 끓인 후 오리만 건져 내고 물은 버린다. (오리 냄새 및 불순물 제거)

4. 오리 뱃속에 찹쌀, 마늘, 대추, 밤, 은행을 채운다.

5. 약재 삼베망에 인삼, 황기, 엄나무, 대추, 뽕나무, 오갈피, 당귀, 둥굴레, 월계수잎, 통후추, 대파, 양파, 생강, 청양고추, 다시마를 넣는다.

6. 물에 소금, 무, 마늘과 약재 삼베망을 넣고 육수를 끓인다.

7. 육수가 끓으면 오리를 넣고 센불로 30분 끓인 후 중약불로 1시간 30분 끓인다.

※ 요리 해설: 코로나19로 인한 팬데믹 시대의 극복을 위해 호흡기에 이롭고 면역력을 높이는 비장에 좋은 오리를 주재료로 한 백숙 요리로 인삼, 황기, 은행, 밤을 넣어 폐의 기능을 극대화한다.

기운 뿜뿜 낙지 연포탕

재료

낙지 500g

모시조개 200g

두부 100g

부추 50g

당근 50g

애호박 50g

청양고추 1개

홍고추 1개

표고버섯 80g

건표고버섯 5g

북어껍질 20g

마른 홍합 5g

다진 마늘 1t

소금 2T

간장 1T

물 2L

다시마 3g

멸치 20g

무 100g

양파 1개

대파 1대

조리 방법

1. 모든 재료는 손질하여 깨끗이 씻어 준비한다.

2. 낙지의 머리 내장, 눈, 입을 모두 제거한 후 밀가루 2T와 소금 1T로 세척한다.

3. 물을 넣고, 삼베망에 멸치, 다시마, 대파, 북어 껍질, 마른 홍합, 건표고버섯, 양파, 납작 썬 무, 청양고추를 넣고 30분 끓인 후 삼베망을 건져 내 육수를 만든다.

4. 끓인 육수에 해감 시킨 모시조개, 두부, 애호박, 당근, 표고버섯, 다진 마늘을 넣고 10분 끓인다.

5. 국물이 끓으면 간장과 소금으로 간을 한 후 홍고추와 낙지를 넣고 3분 끓인다.

※ 요리 해설: 정약전이 지은 《자산어보》에 쓰러진 소에게 낙지를 먹이면 벌떡 일어난다는 말이 인용될 정도로 낙지는 갯벌의 산삼이라고 부른다. 호흡기와 면역력에 이로우며 원기회복에 탁월하다. 모시조개, 고추, 양파, 대파 또한 폐에 좋은 기능을 한다.

※ 낙지는 오래 끓이면 질겨지니 주의해야 한다.

천지인 연어 스테이크

재료

연어 400g	간장 3T
아스파라거스 50g	발사믹식초 3T
당근 50g	꿀 1/2T
마늘 5개	물 3T
양파 1개	레몬 1개
올리브유 2T	백와인 100㎖
로즈마리 10g	블루베리 20g
소금 1t	사과 1/4
후추 약간	배 1/2

조리 방법

1. 모든 재료는 손질하여 깨끗이 씻어 준비한다.

2. 연어를 올리브유, 양파, 마늘, 로즈마리, 후추에 15분 재워 밑간한다.

3. 아스파라거스는 올리브유, 마늘, 소금, 후추에 15분 재워 밑간한다.

4. 당근은 큼직하게 썰어 10분간 찐 후 모양 틀로 모양을 낸다.

5. 발사믹 식초, 간장, 물, 꿀을 30초 살짝 졸여 소스를 만든다.

6. 기름 없이 연어와 밑간한 모든 재료를 굽는다.

7. 연어가 적당히 익으면 백와인을 넣고, 뚜껑을 덮고 1분 졸인다.

8. 접시에 구운 연어를 올리고 소스와 레몬을 뿌린다.

※ 요리 해설: 오메가3, 비타민이 풍부해 혈액순환, 노화방지에 으뜸이다. 혈전 생성을 억제하고 뇌졸중도 예방하여 뇌의 활동도 좋게 한다. 아스파라거스, 로즈마리, 올리브유, 발사믹식초를 사용해 혈관건강의 극대화를 이룬다.

해바라기 오리알조림

재료

오리알 20개
물 2L
진간장 1.5컵
설탕 2T
매실청 4T
마늘 20개
청양고추 3개
홍고추 1개
대파 1대

양파 1개
멸치 30g
건새우 30g
다시마 5g
통후추 20알
당근 30g
월계수잎 5장
소금 1T
식초 1T

조리 방법

1. 모든 재료는 손질하여 깨끗이 씻어 준비한다.

2. 소금, 식초를 넣고 오리알을 약 10~15분 정도 삶는다.

3. 팬에 멸치, 건새우를 볶은 후, 대파, 양파를 구워 준다.

4. 물에 볶은 멸치, 새우, 대파, 양파와 마늘, 다시마, 청양고추, 진간장, 통후추, 월계수잎, 매실청, 설탕을 넣고 30분 끓인다.

5. 육수가 끓기 시작하면 오리알을 넣고 20~30분 졸인다.

6. 불을 끄기 전에 홍고추, 당근을 넣고 1분 더 끓인 후 불을 끈다.

※ 요리 해설: 고혈압, 심근경색, 동맥경화 등의 혈액순환 심혈관질환 개선에 뛰어난 오리알로 만든 조림으로 단백질, 비타민, 철분, 칼슘 등이 풍부한 건강식품이며, 순환기, 호흡기, 항염에도 도움을 준다.

레몬 장어탕수육

재료

장어 400g

표고버섯 2개

파프리카 2개

당근 100g

은행 6개

오이 100g

소금 1.5t

후추 1/3t

생강즙 2T

맛술 1T

달걀 1개

찹쌀가루 2T

물 녹말 1컵

아보카도오일 1L

간장 1.5T

조청 4T

식초 4T

육수 1컵

청주 1T

조리 방법

1. 모든 재료는 손질하여 깨끗이 씻어 준비한다.

2. 장어를 먹기 좋게 자른 후 소금, 후추, 생강즙, 맛술로 밑간한다.

3. 장어에 달걀흰자 1개를 넣고 반죽한 후 찹쌀가루, 아보카도오일, 녹말 물 1컵을 넣고 잘 버무린다.

4. 예열된 팬에 아보카도오일을 두르고 당근, 파프리카, 표고버섯, 은행, 소금을 넣고 볶아 준다.

5. 180도 정도 예열된 기름(아보카도)에 반죽된 장어를 튀긴다. 잠시 식힌 후 다시 한 번 더 튀겨 준다.

6. 팬에 간장, 조청, 식초, 육수 1컵, 청주를 넣고 끓여 주면서 녹말가루를 넣어 농도를 맞춰 소스를 만든다.

7. 완성된 접시에 튀긴 장어와 볶은 채소를 올리고 소스를 부어 준다.

※ 요리 해설: 기력회복 보양식의 대명사인 장어의 비린내를 잡기 위해 생강즙과 레몬즙을 사용했으며, 바삭함을 더해 주기 위해 두 번 튀기고 발연점이 높고 건강에 좋은 아보카도오일을 사용한 건강 별미이다.

음양 오골계찜

재료

오골계 1. 2kg

고구마 200g

감자 200g

표고버섯 4개

새송이버섯 2개

당근 100g

대파 2대

양파 1개

청양고추 2개

홍고추 1개

생강 1톨

청주 1컵

진간장 5T

물 1.5L

올리고당 4T

다진 마늘 2T

맛술 3T

참기름 1T

통깨 1T

소금 1t

후춧가루 1/3t

표고버섯 우린 물 2컵

조리 방법

1. 모든 재료는 손질하여 깨끗이 씻어 준비한다.

2. 오골계를 토막 낸 후 내장과 지방을 제거한 후 찬물에 15분간 담가 둔다.

3. 오골계를 건져 내어 굵은 소금을 뿌리고 주물러 준 후 찬물에 헹군다.

4. 물 1.5L를 끓여서 생강, 대파잎, 청주, 오골계를 넣고 15분 정도 데친 후, 찬물에 헹군다.

5. 부재료인 고구마, 감자, 표고버섯, 새송이버섯, 당근, 대파, 양파, 고추를 굵게 썬다.

6. 진간장, 맛술, 올리고당, 다진마늘, 표고버섯 우린 물 2컵으로 양념장을 만든다.

7. 팬에 식용유, 들기름, 마늘, 당근, 양파, 다진 청양고추를 먼저 넣고 볶은 후 오골계를 넣고 10분 정도 더 볶아 준다.

8. 고구마, 감자, 표고버섯, 새송이버섯을 넣고 양념장과 표고버섯 우린 물 2컵을 넣고 센불에 10분 끓인다.

9. 추가로 대파, 후춧가루, 홍고추를 넣고 5분 더 끓인 후 불을 끄고 참기름과 통깨를 넣는다.

※ 요리 해설: 오골계는 살, 가죽, 뼈까지 검은색이어서 외관상 거부감을 줄 수 있으나 《동의보감》과 《본초강목》에 소개될 정도로 효능이 탁월하다. 그런 오골계를 남녀노소 모두가 친숙하게 즐길 수 있는 찜으로 조리하였으며 경쾌함을 주는 밝은 데코로써 음양의 조화를 이룬다.

속 편한 건강 샐러드

재료

브로콜리 100g

키위 150g

파프리카 150g

사과 150g

바나나 150g

표고버섯 80g

방울토마토 200g

당근 100g

다진 비트 20㎖

요거트 80g

올리브오일 2T

매실청 1T

마 가루 1T

해바라기씨 10g

잣 10g

조리 방법

1. 모든 재료는 손질하여 깨끗이 씻어 준비한다.

2. 브로콜리, 표고버섯, 당근은 살짝 데치고, 나머지 채소와 과일은 채를 썬다.

3. 올리브오일, 요거트, 다진 비트, 키위, 마 가루, 매실청, 해바라기씨, 잣을 섞어 소스를 만든다.

4. 채소, 과일, 소스를 보기 좋게 배열한다.

※ 요리 해설: 소화기능을 담당하는 비, 위, 간으로 귀경하는 키위, 사과, 바나나, 방울토마토 등 천연소화제 같은 속 편한 건강 샐러드이다.

오색 호호 단호박 샐러드

재료

단호박 250g	파프리카(노랑, 빨강) 150g
찐 고구마 200g	브로콜리 100g
호두 50g	삶은 검은콩 100g
당근 50g	키위 50g
크랜베리 50g	꿀 1T
올리브오일 2T	마 가루 1T
배 150g	유자청 1T

조리 방법

1. 모든 재료는 손질하여 깨끗이 씻어 준비한다.
2. 단호박을 자르기 좋게 전자레인지에 1분 기열한다.
3. 단호박 상단 부위를 자르고, 속을 파낸다.
4. 으깬 고구마와 다진 호두, 다진 당근을 크랜베리, 꿀과 함께 섞은 후, 단호박 속에 채운다.
5. 속을 채운 단호박을 약 15분 정도 찜기에 익힌다.
6. 단호박을 자르고, 채선 채소들과 보기 좋게 배열한다.

〈소스〉

올리브오일에 배, 당근, 키위를 다져 넣고, 유자청, 마 가루와 함께 섞는다.

※ 요리 해설: 동양의학은 호흡을 주관하는 장기로 폐와 신장을 말하는데 단호박을 메인으로 고구마, 호두, 당근, 배, 검은콩 등에 오색을 곁들여 호흡기에 유용할 뿐 아니라 한 끼 식사 대용도 가능하다.

하트 연어 샐러드

재료

연어 100g	발사믹식초 1t
삶은 달걀 5개	요거트 80g
오이 200g	올리브오일 2T
파프리카 150g	매실청 1T
배 100g	다진 마늘 1t
무순 100g	호두 10g
방울토마토 300g	파슬리 1g
식용 장미 50g	

조리 방법

1. 모든 재료는 손질하여 깨끗이 씻어 준비한다.

2. 삶은 달걀을 반으로 가른 후 노른자를 제거한다.

3. 오이는 길게 편썰고, 그 위에 채 썬 파프리카, 배, 무순과 연어 한 조각을 올리고 둥글게 말아 준다.

4. 오이말이를 계란흰자에 꽂는다.

5. 반으로 자른 방울토마토로 하트를 그리고, 하트 안쪽에 달걀과 오이말이를 배치한다.

6. 소스를 만들어 하트 상단에 놓는다.

〈소스〉

올리브오일 2T, 요거트 80g, 발사믹식초 1t, 다진 마늘 1t, 호두 10g, 파슬리 가루 1g

※ 요리 해설: 연어, 달걀, 오이, 토마토 등을 이용하여 혈액순환, 혈관건강뿐만 아니라 노폐물 배출에도 탁월하다.

5대장 닭꼬치 샐러드

재료

닭 안심살 150g	후추 1/3t
더덕 20g	물 1T
양송이 20g	간장 2T
고구마 40g	청주 2T
두부 30g	고추장 1T
당근 20g	생강즙 1/2t
방울토마토 4개	매실즙 1T
키위 1개	꿀(조청) 2T
양파 1/2개	다진 마늘 1T
대파 1대	전분 1t
은행 4개	아보카도오일 1T
소금 1t	

조리 방법

1. 모든 재료는 손질하여 깨끗이 씻어 준비한다.

2. 닭의 지방을 제거하고 적당히 썰어 준다.

3. 소금, 후추, 청주로 닭을 밑간하고 30분 재워 둔다.

4. 꼬치 재료(더덕, 양송이, 고구마, 두부, 당근, 대파, 방울토마토)를 적당히 썰어 준다.

5. 팬에 아보카도오일을 두르고 재료를 적당히 익힌다.

6. 물, 간장, 청주, 고추장, 생강즙, 매실즙, 꿀, 다진 마늘, 전분을 섞어 소스를 준비한다.

7. 적당히 익은 재료들을 꼬치에 꽂고, 소스를 바른 후 팬에 타지 않게 다시 구워 준다.

※ 요리 해설: 5대 영양소가 골고루 오장육부 전체를 건강하게 하는 비주얼도 만점, 맛도 만점, 영양도 만점이다. 닭고기와 두부로 단백질이 풍부하여 내분비계 질환(당뇨, 고혈압, 고지혈) 식이요법에 용이하다.

디저트

홍민영

홍삼양갱

재료

실한천 10g

춘설앙금 500g

설탕 80g

홍삼엑기스 250g

물엿 1Ts

소금 1/3ts

홍삼정과 2뿌리

조리 방법

1. 실한천은 1시간 이상 물에 불린다.

2. 불린 한천과 홍삼엑기스 250g을 넣고 끓여서 투명한 젤리 상태가 되면 설탕을 넣고 설탕이 완전히 녹을 때까지 끓인다.

3. 2에 앙금을 넣고 앙금이 완전히 풀어지면 물엿 1큰술을 넣고 골고루 섞어 준 뒤 불을 끄고 고운체에 한번 내린다.

4. 잘게 썬 홍삼정과(작은 사이즈는 통째로 사용)를 3과 섞어 준다.

5. 양갱 틀에 물을 묻혀 준 뒤에 양갱을 붓고 실온에서 단단해질 때까지 굳힌 뒤에 틀에서 분리하여 포장한다.

※ 물엿을 넣어 주면 윤기 나는 양갱을 만들 수 있다.

※ 양갱틀에 물을 묻혀 주면 굳어진 양갱을 손쉽게 틀에서 분리할 수 있다.

쌀로 만든 딸기 화이트롤케이크

〈비스퀴: 케이크 시트〉

재료

우유 55g

카놀라유 30g

바닐라에센스 1ts

박력쌀가루 85g

베이킹파우더 1g

흰자 220g

설탕 90g

조리 방법

1. 실온 상태의 우유에 카놀라유와 바닐라에센스를 혼합한 후 쌀가루를 혼합해 둔다.

2. 차가운 상태의 흰자에 설탕의 반을 넣고 60% 휘핑한 다음 나머지 설탕을 넣고 90% 머랭을 만든다.

3. 1의 반죽에 머랭을 한 주먹 혼합하여(희생반죽) 덩어리를 없앤 후 나머지 머랭을 2회에 나누어 가볍게 혼합한다.

4. 준비된 팬에(1/2빵팬) 넣고 고르게 팬닝한 후에 170℃에서 약 11~13분 구워 냉각한다.

〈요거트 크림〉

재료

마스카포네 25g

요거트 파우더 15g

설탕 17g

생크림 280g

코앵트로 3g

딸기 12개

조리 방법

1. 전 재료를 차가운 상태를 유지하며 85% 휘핑한다.

2. 다른 볼에 한 주걱 남겨 둔다.

3. 남은 크림은 단단히 휘핑한다.

4. 준비된 비스퀴에 3의 단단한 크림을 바른 후 딸기를 넣고 말아 살짝 굳힌다.

5. 남긴 부드러운 크림으로 데코한다.

집에서도 손쉽게 약식케이크

재료

찹쌀 750g

흑설탕 200g

황설탕 2Ts

국간장 3Ts

참기름 1Ts

꽃소금 1/2ts

밤 8개

대추 6개

〈케이크 장식용〉

대추 2개

호박씨 10개

해바라기씨 15개

조리 방법

1. 씻은 찹쌀은 6시간 이상 불린다. (여름철 4시간)

2. 밤과 대추는 씻어서 먹기 좋게 잘라 준다.

3. 밥솥에 1의 찹쌀과 분량의 흑설탕, 황설탕, 국간장, 참기름, 꽃소금, 밤, 대추를 넣고 밥솥의 물의 눈금을 6까지 맞춘다.

4. 설탕이 밥물에 잘 녹을 정도로 저어 준다.

5. 영양밥, 잡곡밥 취사 버튼에 맞춘다. (쾌속 취사 X)

6. 다 지어진 약밥을 밤이 짓누르지 않게 주걱으로 섞어 준 뒤에 무스링에 오일을 발라 주고 한 김 식힌다.

7. 케이크 판 위에 무스링을 올린 뒤에 살짝 식힌 약밥을 무스링 안에 잘 채워 준다.

8. 약식케이크 위에 대추말이 꽃과 해바라기씨, 호박씨로 장식한다.

9. 천천히 무스링을 제거한 뒤 무스띠를 두르고 리본으로 장식한다.

탱탱 상큼 과일 젤리

〈샴페인 젤리〉

재료

가루젤라틴 30g

물 560g

설탕 225g

샴페인
(사이다 대체) 130g

레몬즙 20g

발효초 25g

조리 방법

1. 가루젤라틴 30g을 물 75g에 10분 이상 불린다.

2. 냄비에 물 485g과 설탕 225g을 넣고 끓기 직전까지 데운다.

3. 2에 1의 젤라틴을 넣고 녹인 후 샴페인, 레몬즙, 발효초를 넣는다.

4. 자른 과일을 돔형 젤리 케이스에 넣는다.

5. 한 김 식히고 거품이 가라앉으면 용기에 담아 냉장고에서 굳힌다.

〈우유 젤리〉

재료

가루젤라틴 15g

물 37g

연유 195g

우유 360g

〈과일〉

씨 없는 적포도 450g

청포도 450g

오렌지 3개

복숭아 통조림 1개

파인애플 통조림 1개

조리 방법

1. 젤라틴을 물에 10분 이상 불린다.

2. 우유와 연유를 냄비에 넣고 저어 주며 끓기 직전까지 데운다.

3. 불에서 내려 젤라틴을 넣고 녹인다.

4. 굳힌 과일 젤리 위에 3의 내용물 2~3T를 넣고 냉장고에서 굳힌다.

5. 천천히 무스링을 제거한 뒤 무스띠를 두르고 리본으로 장식한다.

가나슈 퐁당 쌀컵케이크

재료

멥쌀 3컵

물 8Ts

설탕 3Ts

〈가나슈〉

다크초콜릿 100g

생크림 50g

〈장식용〉

오레오 1개

스프링클 30g

조리 방법

1. 볼에 멥쌀가루와 물을 넣고 손바닥으로 서로 비벼 준다.

2. 중간체에 두 번 내려 준다.

3. 2에 설탕을 넣고 가볍게 섞어 준다.

4. 실리콘 몰드에 3을 넣고 윗면을 평평하게 쓸어 준다.

5. 김이 오른 찜기에 4를 올리고 30분 쪄 주고 5분 뜸 들인다.

6. 가나슈는 중탕하여 한 김 식혀 준다.

7. 케이스에 식힌 컵케이크를 올린 뒤에 가나슈를 올리고 장식하여 준다.

간장, 된장

최서연

깻묵 된장

재료

깻묵 메주 4장(4kg)

소금 1.4kg

물 6L

통북어 1마리

다시마 2장

조리 방법

1. 메주 겉표면 불순물을 씻어 내고 햇볕에 3일 잘 말려 준다.
2. 소금은 하루 전 물에 녹여 불순물을 분리한다.
3. 통북어는 불에 잘 구워 겉표면의 불순물을 제거한다.
4. 깻묵 메주와 소금물을 넣어 잘 치대 준다.
5. 소독한 항아리에 통북어를 넣는다.
6. 잘 치댄 깻묵장을 항아리에 담는다.
7. 깻묵장 위에 다시마를 덮은 후 1~2cm 소금을 얹어 준다.
8. 항아리에 면포로 덮은 후 유리 뚜껑을 덮어 발효시킨다.

※ 깻묵 메주는 볶지 않은 참깨 깻묵 1, 메주콩 1로 발효한다.

팥 된장

재료

팥 메주 4장(4kg)

소금 3.4kg

물 20L

다시마 2장

고추 5개

숯 3개

대추 5개

조리 방법

1. 메주는 깨끗이 씻어 불순물을 제거하고 햇볕에 3일 말려 준다.

2. 소금은 물에 녹여 불순물을 제거하고 하루 전 침지한다.

3. 소독된 항아리에 메주를 넣고, 소금물을 붓는다.

4. 깨끗이 씻은 대추와 고추를 넣는다.

5. 3일 후 숯을 달군 후 항아리에 넣어 살균한다.

6. 햇볕과 바람을 충분히 쏘여 60일 발효시킨다.

7. 고운체를 이용하여 간장과 된장 가르기를 한다.

※ 팥 메주는 팥 1, 메주콩 2로 발효한다.

서리태 된장

재료

서리태 메주 4장(4kg)

소금 3.4kg

물 20L

다시마 2장

고추 5개

숯 3개

대추 5개

조리 방법

1. 메주는 깨끗이 씻어 불순물을 제거하고 햇볕에 3일 말려 준다.
2. 소금은 물에 녹여 불순물을 제거하고 하루 전 침지한다.
3. 소독된 항아리에 메주를 넣고 소금물을 붓는다.
4. 깨끗이 씻은 대추와 고추를 넣는다.
5. 3일 후 숯을 달군 후 항아리에 넣어 살균한다.
6. 햇볕과 바람을 충분히 쏘여 60일 발효시킨다.
7. 고운체를 이용하여 간장과 된장 가르기를 한다.
8. 된장 위에 다시마를 덮고 소금 1~2cm 덮는다.
9. 항아리에 면포로 덮은 후 유리 뚜껑을 덮어 발효시킨다.

※ 서리태 메주는 서리태 4, 메주콩 6으로 발효한다.

어간장

재료

약콩 메주 4장(4kg)

소금 2.5kg

육수 20L

멸치액젓 5L

마른 고추 5개

숯 3개

대추 5개

조리 방법

1. 메주는 깨끗이 씻어 불순물을 제거하고 햇볕에 3일 말려 준다.

2. 육수를 끓여 따뜻할 때 소금을 잘 저어서 풀어 준 뒤 면보에 걸러 내려놓는다.

3. 잘 소독된 항아리에 마른 메주를 넣고 멸치액젓과 육수를 혼합하여 항아리에 붓는다.

4. 마른 고추를 잘 씻어 넣는다.

5. 3일 후 숯을 달군 후 항아리에 넣어 살균한다.

6. 유리 뚜껑을 덮어 햇볕과 바람을 충분히 쏘여 준 후 면보를 덮어 1년간 발효시킨다.

〈육수〉

멸치 150g, 보리새우 200g, 마른 홍합 살 100g, 북어머리 4개, 마른 표고버섯 150g, 다시마 2장, 물 35L

※ 멸치액젓은 3년 이상 숙성된 것을 사용한다.

옻간장

재료

메주 4장(4kg)

소금 4kg

달인 옻물 25L

숯 3개

마른 고추 5개

대추 5개

조리 방법

1. 메주는 깨끗이 씻어 불순물을 제거하고 햇볕에 3일 말려 준다

2. 달인 옻물에 소금을 넣고 잘 녹인 후 면보로 내려 불순물을 걸러 놓는다.

3. 잘 소독된 항아리에 메주를 넣고 2를 넣는다.

4. 마른 고추를 깨끗이 씻어 말린 후 3에 넣는다.

5. 3일 후 숯을 달군 후 항아리에 넣어 살균한다.

6. 면보를 덮어 준 뒤 유리 뚜껑을 덮고 4개월간 발효시킨다.

〈옻물〉

옻 2kg, 물 50L, 엄나무 500g, 골담초 500g, 두릅 500g

식초

김미혜

씨초

재료

생막걸리 1병

주정 적당량

발효용기 1개

면보 1장

조리 방법

1. 모든 도구와 용기는 주정으로 소독한다.

2. 살균처리 되지 않은 생막걸리(알코올 도수 6%)를 미리 3일 정도 실온에 보관해 침전물을 가라앉히고 위쪽의 맑은 부분만 소독된 용기에 따른다.

3. 용기 입구에 면보를 덮고 고무줄로 고정한다.

4. 용기를 햇빛이 들지 않은 가급적 따뜻한 곳에서 발효시킨다.

5. 2~3일부터 하얀 초막이 생기는 것을 확인할 수 있으며 이틀에 한 번씩 용기를 흔들어 초막을 깨 준다.

6. 시간이 지남에 따라 초막도 더 이상 생기지 않고 처음의 막걸리와 달리 술이 말갛게 변할 때 삼베보로 침전물을 거른 후 병입한다.

※ 씨초는 명칭 그대로 "씨앗으로 사용하는 식초"를 말한다. 좋은 씨초는 초산발효가 끝난 지 얼마 지나지 않은, 즉 초산균이 많이 들어 있는 식초이다. 씨초는 식초를 처음 만들거나 초보자들에게 매우 중요한 재료다. 식초를 만들 때 씨초를 넣으면 식초가 되는 시간이 단축되며 실패율도 낮아진다.

사과식초

– 과일로 식초 만들기

재료

사과 10kg

설탕 750g

효모 10g

씨초 적당량

발효용기 1개

주정 약간

당도계 1개

※ 설탕 양(kg) = $\frac{(\text{희망당도}-\text{사과당도})}{(100-\text{희망당도})}$ × 사과량(kg) = $\frac{(200-14)}{(100-20)}$ × 10kg = 0.75kg

※ 사과의 당도가 20브릭스인 경우 대략 술은 10%의 알코올이 만들어진다고 본다. (약 50%의 알코올) 정확한 알코올 도수를 측정하기 위해서는 증류기와 주정계를 이용해 알코올 도수를 측정할 수 있다. 그 이상의 당도인 경우는 술 도수도 높으므로 물을 가수하여 알코올 도수를 6~10%로 조정한 후 씨초를 투입한다.

※ 식초는 많은 양의 산소를 필요로 하는 호기성 발효를 하므로 뚜껑은 덮지 않고 면보를 덮어 발효한다.

조리 방법

1. 사과를 깨끗이 씻어 물기를 제거한다.

2. 사과의 꼭지와 씨를 제거하고 사과를 잘게 자른다.

3. 2를 믹서기에 갈아 브릭스(14)를 체크한다.
   (믹서기로 갈 때 소량의 물을 첨가해도 좋다.)

4. 원하는 당도(20브릭스)를 위해 설탕 750g을 투입한다. (설탕 양 참고)

5. 4를 저어 설탕을 충분히 녹여 준 후 소독된 발효용기에 넣어 효모를 흩뿌려 준다. (효모 투입양 = 사과 양의 1/1000, 사과 1kg당 효모 1g)

6. 발효용기 뚜껑을 꽉 닫아 반대로 반 바퀴만 돌려서 이산화탄소를 발생시켜 알코올 발효를 시킨다.

7. 잔거품이 없어지고 술이 용기 위로 뜰 때까지 날마다 술을 저어 준다.

8. 술이 완성되면 걸러서 최소 1주일 이상 밀봉하여 다시 2차 알코올 발효를 시킨다. (셀룰로스 막 생기는 것 방지)

9. 소독된 발효용기에 알코올 발효를 끝낸 술과 씨초(술의 10~30%)를 넣어 초 안침을 한다.

10. 발효하는 동안 초막의 상태를 보고 막을 가끔 깨 준다.

11. 초막은 식초가 완성되면 자연스럽게 줄어드는데, 그때 산도 측정을 한다.

12. 식초가 완성되면 앙금과 맑은 식초를 분리하여 공기와의 접촉을 피할 수 있게 밀봉하여 서늘한 곳에 보관한다.

복숭아식초

– 복숭아청으로 식초 만들기

재료

복숭아청 1kg

물 2.25kg

효모 3.25g

씨초 적당량

발효용기 1개

주정 약간

면보 1장

당도계 1개

$$※ \ 물양(kg) = \frac{(복숭아청당도-희망당도)}{희망당도} \times 복수아청양(kg) = \frac{(65-20)}{20} \times 1 = 2.25$$

※ 복숭아식초를 만드는 방법은 다양하다. 복숭아 자체로 사용해도 되고, 위처럼 청으로 만들어서도 가능하다.
   이 밖에도 고두밥을 쪄서 복숭아즙을 물 대신 넣고 술을 만드는 방법도 있다. 따라서 너무 레시피에 의존하
   지 말고 본인 방식대로 식초를 만들기를 바란다.

조리 방법

1. 모든 도구와 용기는 주정으로 깨끗이 소독하여 준비한다.

2. 복숭아청의 당도를 잰다. (브릭스 65)

3. 브릭스를 20으로 맞추기 위한 물 양을 잰다. (2.25kg)

4. 효모는 사용 10분 전에 따뜻한 물에 풀어 거품이 생기면 3에 효모를 넣어 준다. (효모 투입 양 = 복숭아청과 물 양의 1/1000, 효모 3.25g)

6. 발효용기 뚜껑을 꽉 닫아 반대로 반 바퀴만 돌려서 이산화탄소를 발생시켜 알코올 발효를 시킨다.

7. 잔거품이 없어지고 술이 용기 위로 뜰 때까지 날마다 술을 저어 준다.

8. 술이 완성되면 걸러서 최소 1주일 이상 밀봉하여 다시 2차 알코올 발효를 시킨다. (셀룰로스 막 생기는 것 방지)

9. 소독된 발효용기에 알코올 발효를 끝낸 술과 씨초(술의 10~30%)를 넣어 초 안침을 한다.

10. 발효하는 동안 초막의 상태를 보고 막을 가끔 깨 준다.

11. 초막은 식초가 완성되면 자연스럽게 줄어드는데, 그때 산도 측정을 한다.

12. 식초가 완성되면 앙금과 맑은 식초를 분리하여 공기와의 접촉을 피할 수 있게 밀봉하여 서늘한 곳에 보관한다.

현미식초

재료

현미 2kg

누룩 400g

물 4~6L

발효용기 1개

면보 1장

※ 식초를 만들 때 완성된 현미술을 그대로 사용해도 되고 초산발효를 빠르게 하려면 알코올 도수를 낮추기 위해 적당량의 가수를 해도 좋다.

※ 현미식초는 백미로 만든 것보다 월등하게 많은 필수 아미노산이 많으므로 건강에도 좋다고 알려져 점차 많은 사람이 찾는 식초이며, 이 식초는 시간이 지나감에 따라 까만색을 띄게 되어 흑초라고 불린다.

※ 발아현미를 사용하려면 24시간 불린 현미를 소쿠리에 받쳐 물기를 빼고 위에 습기가 마르지 않도록 면포를 덮어 24시간을 발아시킨 후 사용한다. 발아현미가 좋은 이유는 현미의 영양성분 가바(GABA)가 백미보다 월등하게 증가되기 때문이다.

조리 방법

1. 현미를 백세하여 24시간 불린다. 불리는 중간중간 물을 갈아 준다.

2. 소쿠리에 받쳐 물기를 30분 정도 빼고 찜솥에 고두밥을 찐다. (1시간 찌고 살수하여 40분 더 찐다.)

3. 고두밥을 차게 식히고 누룩과 물을 넣고 잘 섞어 준다. (혼화)

4. 발효용기에 넣고 뚜껑을 꽉 닫아 반대로 반 바퀴만 돌려서 이산화탄소를 발생시켜 알코올 발효를 시킨다.

5. 술을 안친 다음 날부터 엄청난 발효가 시작되는데 자주 위아래로 잘 저어 준다.

6. 왕성하던 술 발효가 잠잠해지고 가스도 어느 정도 나오면 술이 위로 떠오른다. 이때 술 거르기를 한다.

7. 술 거르기 한 용기에 술 양의 10~30%의 씨초를 넣어 초안치기를 한다. 이때 용기에 면포를 덮어 뚜껑을 열고 발효시킨다.

8. 발효하는 동안 초막의 상태를 보고 막을 가끔 깨 준다.

9. 초막은 식초가 완성되면 자연스럽게 줄어드는데, 그때 산도 측정을 한다.

10. 식초앙금과 맑은 식초를 분리하여 공기와의 접촉을 피할 수 있게 밀봉하여 서늘한 곳에 보관한다.

겨우살이식초

– 약재로 식초 만들기

재료

현미 2kg

누룩 400g

겨우살이 달인 물 4~6L

발효용기 1개

면보 1장

※ 겨우살이는 루페올, 올레아놀릭산, 비스코톡신, 렉신 같은 성분을 가지고 있는데, 루페올은 염증, 올레아놀릭
   산은 고혈압과 동맥경화, 비스코톡신과 렉신은 암을 치료하는 데 효과가 있다고 알려져 있다.
※ 겨우살이 외 좋은 효능을 가진 약재를 가지고 비슷하게 식초를 만드는 데 응용해도 좋다.

조리 방법

1. 현미를 백세하여 24시간 불린다. 불리는 중간중간 물을 갈아 준다.

2. 소쿠리에 받쳐 물기를 30분 정도 빼고 찜솥에 고두밥을 찐다. (1시간 찌고 살수하여 40분 더 찐다.)

3. 겨우살이는 깨끗하게 씻어 적당량의 물을 넣고 충분히 달인다.

4. 고두밥을 차게 식히고 누룩과 겨우살이 달인 물을 넣고 잘 섞어 준다. (혼화)

5. 발효용기에 넣고 뚜껑을 꽉 닫아 반대로 반 바퀴만 돌려서 이산화탄소를 발생시켜 알코올 발효를 시킨다.

6. 술을 안친 다음 날부터 엄청난 발효가 시작되는데 자주 위아래로 잘 저어 준다.

7. 왕성하던 술 발효가 잠잠해지고 가스도 어느 정도 나오면 술이 위로 떠오른다. 이때 술 거르기를 한다.

8. 술 거르기 한 용기에 술 양의 10~30%의 씨초를 넣어 초안치기를 한다. 이때 용기에 면포를 덮어 뚜껑을 열고 발효시킨다.

9. 발효하는 동안 초막의 상태를 보고 막을 가끔 깨 준다.

10. 초막은 식초가 완성되면 자연스럽게 줄어드는데, 그때 산도 측정을 한다.

11. 식초앙금과 맑은 식초를 분리하여 공기와의 접촉을 피할 수 있게 밀봉하여 서늘한 곳에 보관한다.

당아욱식초

– 침출 식초

재료

당아욱 말린 것 50g

화이트식초 1L

발효용기 1개

면보 1장

조리 방법

1. 모든 도구와 용기는 주정으로 깨끗이 소독하여 준비한다.

2. 재료를 용기에 넣고 식초를 충분히 잠기도록 넣는다.

3. 3~7일 사이에 재료를 건져 완성한다.

※ 재료는 생것과 말린 것 모두 사용이 가능하나, 생것은 식초의 산도를 낮출 수 있다.

※ 침출 식초는 허브류나 약재, 과일 등 다른 재료를 가지고 응용 가능하다.

※ 화이트식초는 완성한 어떤 발효식초를 증류하여 만들어도 되고, 없으면 시중의 식초를 구매해도 된다.

누리 소스 만들기

집간장으로 누리 맛간장 만들기

재료

집간장 2L
생수 1.5L
배 1개
계피 2조각
북어 머리 2개
청양고추 10개
감초 3조각
다시마 10×10 크기 1조각
무 1/4개
황기 100g
양파 1개

조리 방법

1. 모든 재료를 손질하여 깨끗이 씻어 준비한다.

2. 큰솥에 모든 재료를 넣어서 센불에 끓이다 약불로 줄여 30~50분 끓여 준다.

3. 식고 나면 채반에 걸러서 간장을 냉장 보관한다.

※ 간은 각자 입맛에 맞게 물로 조정하면 된다.

진간장으로 누리 맛간장 만들기

재료

진간장 1L
물 500㎖
배 반쪽
북어 머리 1개
마른 청양고추 5개
계피 2조각
무 약간
양파 반 개

조리 방법

1. 모든 재료를 손질하여 깨끗이 씻어 준비한다.

2. 솥에 모든 재료를 넣어서 센불에 끓이다 약불로 줄여 30~40분 끓여 준다.

3. 식고 나면 채반에 걸러서 맛간장을 냉장 보관한다.

※ 볶음, 조림 등에 다양하게 사용할 수 있다.

누리 고추장 만들기

재료

고춧가루 5kg

이화곡 300g

표고버섯 가루 300g

구기자 500g

엿기름 500g

황기 100g

와인 300㎖

장미 분말 50g

물 7L

조청과 소금
입맛에 맞게

조리 방법

1. 고춧가루에 이화곡, 표고버섯 가루, 장미 분말을 넣고 골고루 섞어서 준비한다.

2. 황기와 구기자는 흐르는 물에 씻어 준비한다.

3. 엿기름은 다시팩에 넣어 물에 한번 행궈 준다.

4. 솥에 물과 엿기름, 구기자, 황기를 넣어 센불에 끓이다 약불로 1시간 끓여 준 다음 다시팩과 황기는 건져 주고 30분 더 끓여 준다.

5. 4가 식고 나면 1에다 부어서 버무리면서 와인, 소금, 조청으로 각자 입맛에 맞게 간을 보고 마무리한다.

누리 초고추장 만들기

재료

고추장 2Ts

배즙 2Ts

레몬즙 1Ts

식초 반Ts

통깨 약간

마늘 가루 약간

조리 방법

1. 배, 레몬은 깨끗이 씻어 강판에 갈아 즙으로 준비한다.

2. 고추장에 레몬즙, 배즙, 식초즙, 통깨와 마늘 가루를 넣고 버무려 마무리한다.

※ 겨자를 첨가해서 먹어도 좋다.

누리 만능 육수 만들기

재료

물 1L

북어 머리 1개

양파 1개

다시마 10×10 크기 1장

황기 50g

무 300g

조리 방법

1. 모든 재료를 다듬고 씻어 준비한다.

2. 솥에 준비한 물과 재료를 넣고 고온에서 끓이다 약 불로 30분 더 끓여 준다.

3. 식고 나면 채반에 걸러서 육수는 냉장 보관한다.

※ 국, 찌개, 탕 등 국물 요리에 다양하게 사용하면 된다.

누리 도라지 김치 육수 만들기

재료

배 2개

양파 2개

마른 도라지 300g

북어 머리 2개

황기물 30g

다시마 10×10 크기 2장

생강 150g

유자피 마른 것 150g

물 4L

조리 방법

1. 모든 재료를 다듬고 깨끗이 씻어 준비한다.

2. 물을 먼저 끓이고 끓으면 준비한 재료들을 넣어 준다.

3. 센불에 끓이다 약불로 20분 더 끓여 준다.

※ 무 1개와 절인 배추 10~15kg을 담글 수 있는 양이다.

누리 샐러드 소스 만들기

재료

고구마 1개

오렌지주스 1컵

유자청 2Ts

청양고추 2개

통깨 약간

소금 약간

조리 방법

1. 모든 재료를 다듬고 씻어 준비한다.

2. 고구마는 삶아 준비하고 청양고추는 씨를 빼서 준비한다.

3. 믹서기에 고구마, 청양고추, 유자청, 오렌지주스, 통깨, 소금 넣고 갈아서 마무리한다.

누리 자두 소스 만들기

재료

자두

모과청

조리 방법

1. 자두를 씻어 씨를 빼서 믹서로 다지기 해서 준비한다.

2. 준비한 재료를 솥에 담아 고온에서 끓여 주고 끓으면 약불로 걸죽해질 때까지 졸여 준다.

3. 졸이기가 다 되면 모과청을 넣고 살짝 끓여 완성한다.

※ 자두 2 모과청 1을 첨가하고 쓴맛이 나는(예: 민들레, 여주 등) 채소에 소스로 사용하면 좋다.

누리 피클물 만들기

재료

물 1L

소금 20g

설탕 200g

식초 2컵

조리 방법

1. 물에 소금을 먼저 끓여 준다.

2. 물이 끓으면 설탕을 넣고 살짝 끓이다 물이 식으면 식초를 넣고 마무리한다.

내분비 밥상(1)

내분비 밥상(2)

소화기 밥상(1)

소화기 밥상(2)

순환기 밥상⑴

순환기 밥상⑵

호흡기 밥상(1)

호흡기 밥상(2)

(사)대한꽃잎문화협회에서
원광디지털대학 22학번 학우님과
대한꽃잎문화협회 회원님이 (사)한국조리협회
대회에서 대상 받은 생활약선음식입니다.

(사)대한꽃잎문화협회
최유정
010-5168-3788

상호 : 세자매
　　♥라이스인 스토리
　　♥미혜초
　　♥라연이의 생활요리

* 수강생 수시 모집
　HP. 010-3043-1919 홍민영